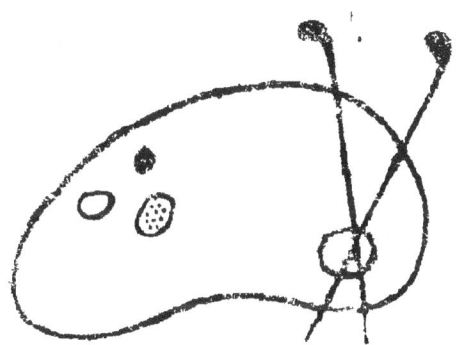

Début d'une série de documents
en couleur

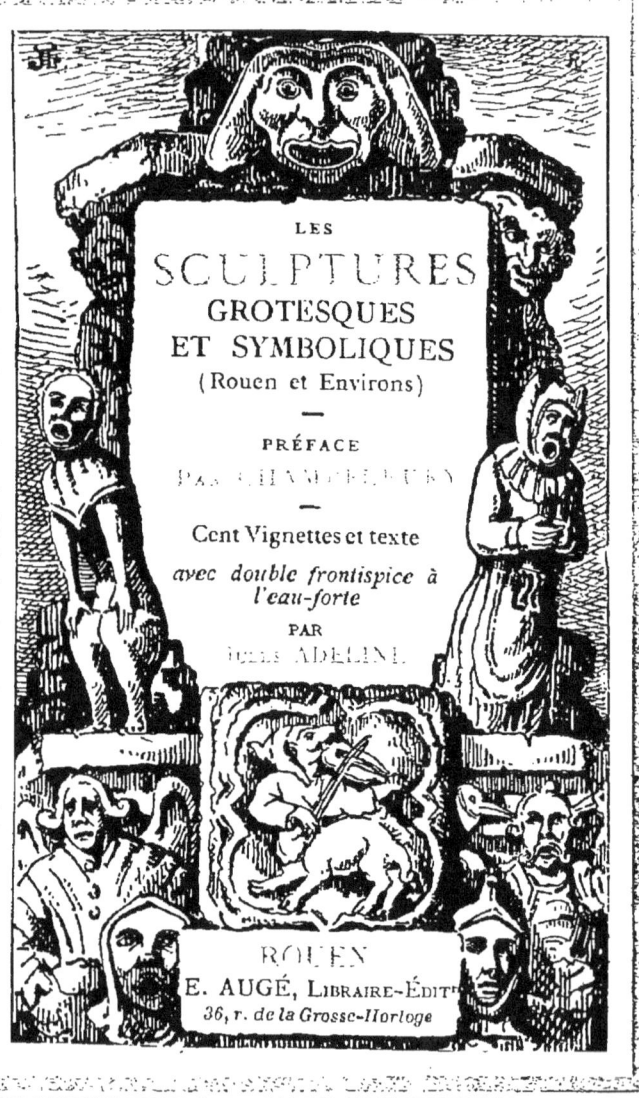

LES
# SCULPTURES
## GROTESQUES
## ET SYMBOLIQUES
(Rouen et Environs)

—

PRÉFACE
PAR CHAMPFLEURY

—

Cent Vignettes et texte
*avec double frontispice à*
*l'eau-forte*
PAR
JULES ADELINE

ROUEN
E. AUGÉ, LIBRAIRE-ÉDITᵉ
*36, r. de la Grosse-Horloge*

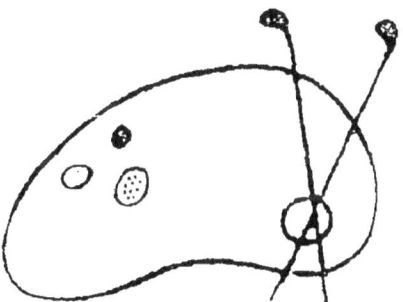

Fin d'une série de documents
en couleur

9/9

# LES SCULPTURES

GROTESQUES ET SYMBOLIQUES

9

Il a été publié de cet ouvrage
une édition de luxe format grand in-octavo
*à deux-cent-vingt exemplaires numérotés*
ornés de deux eaux-fortes tirées sur papier du Japon
par A. SALMON (de Paris).

—

20 exemplaires sur papier de Chine, double suite des cent vignettes (noir et bistre) et triple suite des deux eaux-fortes (noir et bistre) avant et avec la lettre. (N&#x2071;ᵉˢ 1 à 20.)

25 exemplaires sur papier teinté, double suite des deux eaux-fortes avant et avec lettre. (N&#x2071;ᵉˢ 21 à 45.)

175 exemplaires sur papier teinté et les deux eaux-fortes avec la lettre. (N&#x2071;ᵒˢ 46 à 220.)

Nᵒ Dépôt Légal

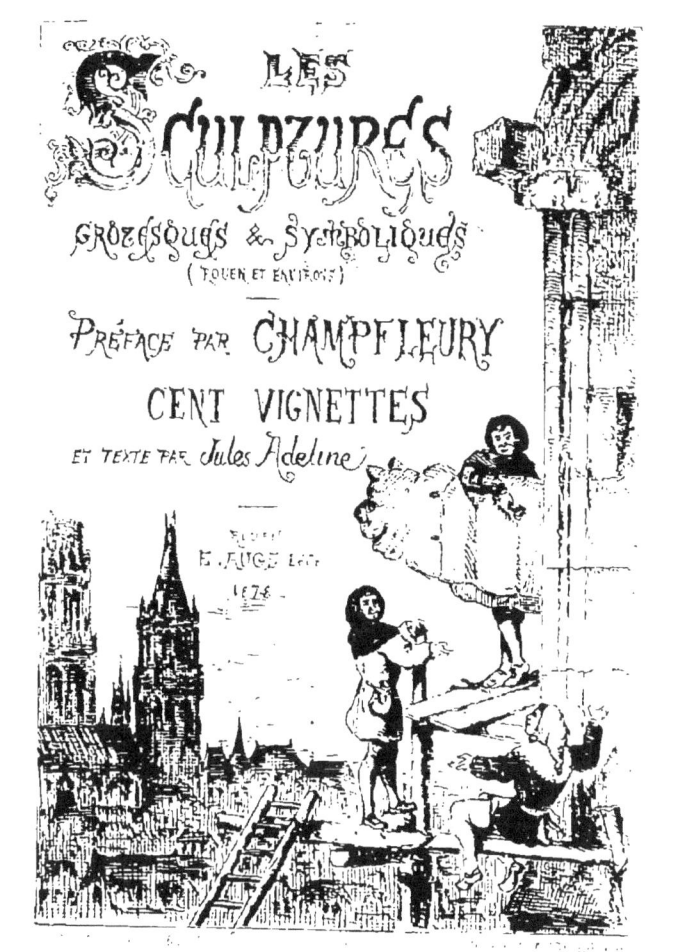

# LES SCULPTURES

## GROTESQUES & SYMBOLIQUES
### ( ROUEN ET ENVIRONS )

PRÉFACE PAR CHAMPFLEURY

CENT VIGNETTES

ET TEXTE PAR Jules Adeline

E. AUGÉ Édit.
1878

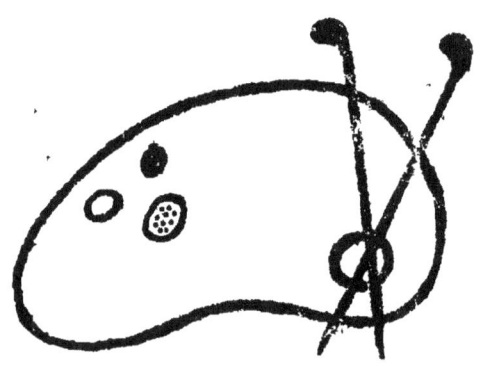

Original en couleur

NF 7. 43-120-B

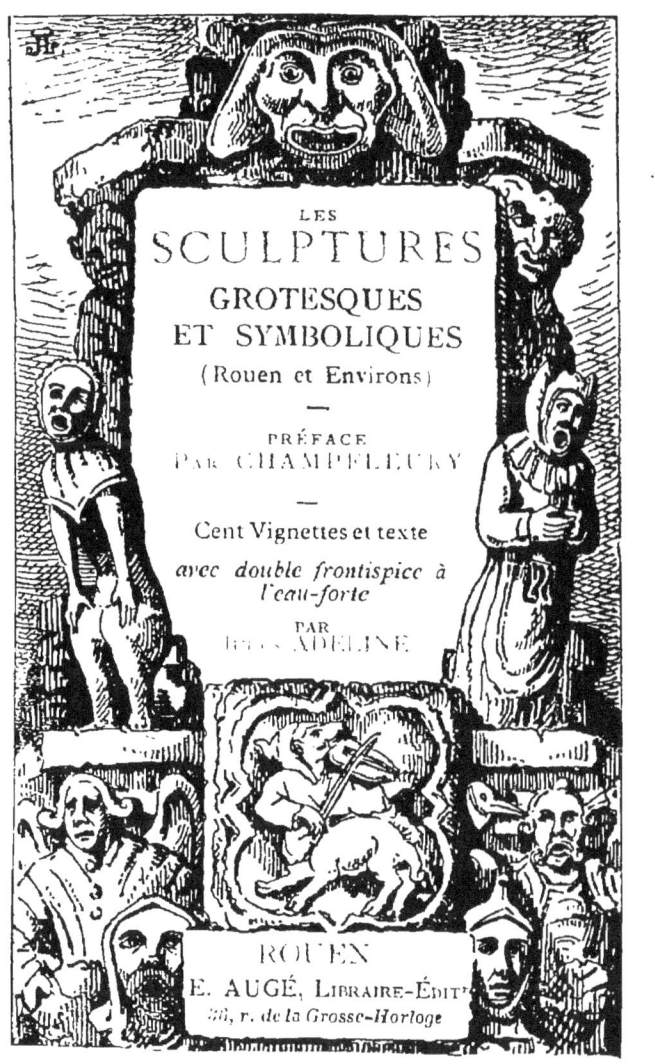

LES
# SCULPTURES
## GROTESQUES
## ET SYMBOLIQUES
(Rouen et Environs)

—

PRÉFACE
Par CHAMPFLEURY

—

Cent Vignettes et texte

*avec double frontispice à
l'eau-forte*

PAR
Jules ADELINE

ROUEN
E. AUGÉ, Libraire-Édit²
38, r. de la Grosse-Horloge

# AVERTISSEMENT

Un critique de la Gazette des Beaux-Arts (1), *en consacrant quelques pages à* l'Histoire de la Caricature au moyen âge (2), *s'étonnait, de même d'ailleurs qu'un savant architecte qu'il ne nomme pas — mais qui pourrait fort bien être M. Viollet-le-Duc,* que « *personne ne se fût préoccupé de réunir en un corps d'ouvrage les milliers de figures des édifices gothiques, troublantes par leur aspect étrange et leur nature complexe.* »

*Grâce aux recherches de M. Champfleury, ce regret est en partie effacé, et la pensée confuse qui déterminait les figures satiriques*

(1) Décembre 1871, t. IV, 2ᵉ partie, p. 511.
(2) Paris, Dentu, 1 vol. 1870.

*des cathédrales, le balbutiement d'une langue linéaire naïve sont à cette heure rendus plus clairs et saisissables.*

*Toutefois, à côté de ces recherches de l'historien de la Caricature et du Grotesque, nous avons pensé qu'il y avait place pour un recueil de* Sculptures inédites *empruntées à différents monuments de Rouen et des environs.*

*« En archéologie l'image prime le texte »,* dit M. Champfleury, *dans la préface de son* Histoire de la Caricature. *Puissent ces croquis rappeler au touriste bon nombre d'œuvres singulières sur lesquelles il n'a pu que jeter un rapide coup d'œil, et fournir un document de plus aux archéologues s'occupant de déchiffrer la pensée déposée par nos pères dans ces milliers de figures qui étonnent les artistes modernes par leur aspect étrange et leur nature complexe* (1).

*Nous avons prié M. Champfleury d'écrire la préface de ce volume; c'est un de ces*

---

(1) C. Daly, *Revue de l'Architecture.*

hommes consciencieux qui ne se lassent pas
d'étudier un sujet, et qui ne le quittent que
quand la clarté se fait dans leur esprit ; ses
diverses éditions, sans cesse remaniées et
améliorées, le prouvent assez.

M. Champfleury a consenti, par amitié
pour nous, à laisser momentanément de côté
ses nombreux tvavaux pour nous prêter son
concours ; et nous regardons comme une
bonne fortune de pouvoir ainsi faire précéder
d'une préface signée d'un nom aussi autorisé,
un ouvrage qui tonche à l'une des questions
les plus intéressantes de l'archéologie.

JULES **ADELINE.**

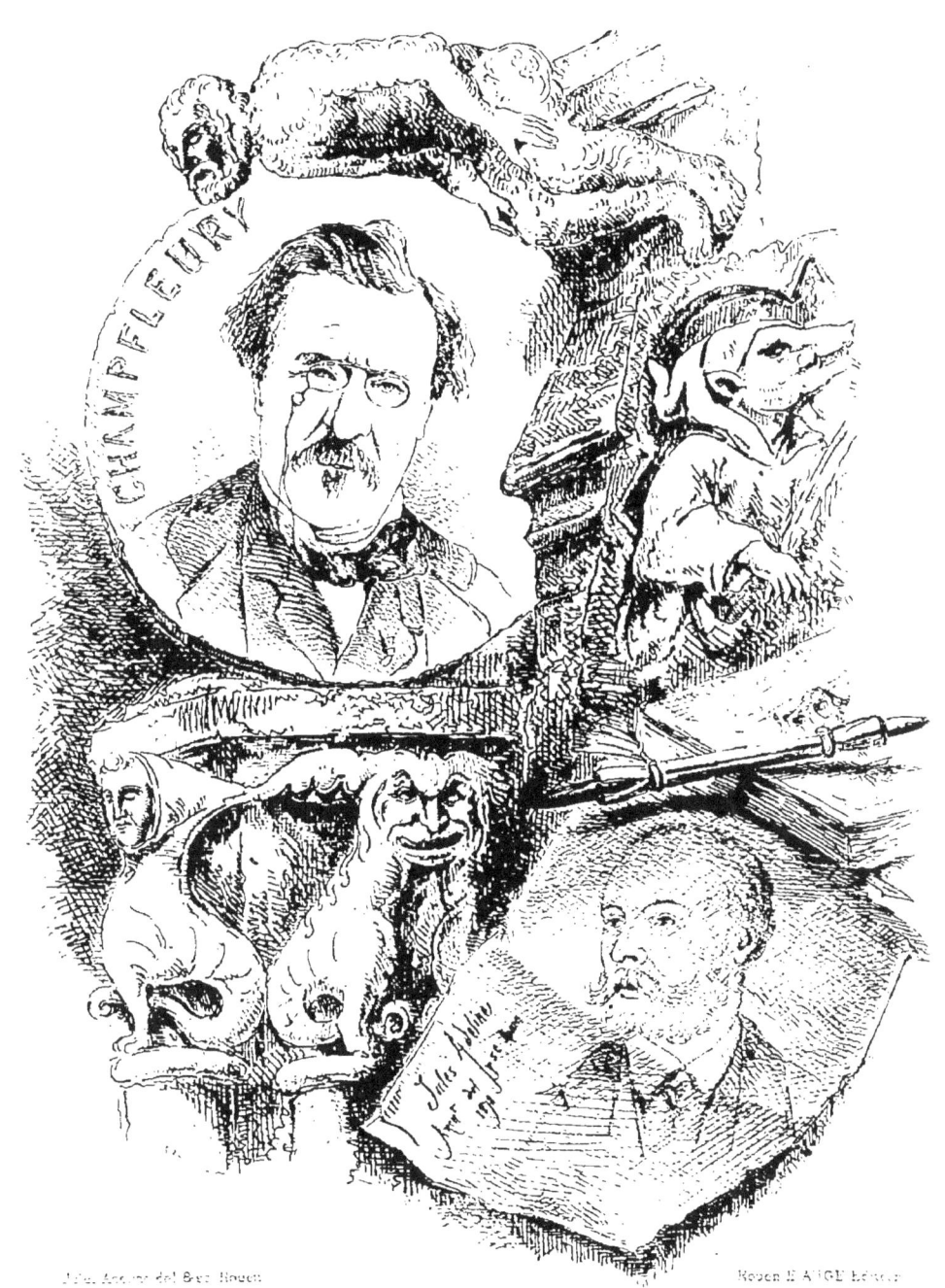

# PRÉFACE

La Normandie fut, dès les premières années de ce siècle, un foyer archéologique naturel; les nombreux monuments qui couvrent son sol ne devaient-ils pas faire naître chez les érudits le désir d'en étudier l'histoire?

On ne vit pas impunément en face de ces hardies constructions, projetant de grandes ombres et enveloppées au déclin du jour dans des ombres plus mystérieuses, sans que l'esprit n'en perçoive des impressions d'admiration et de réflexions; et si l'indifférent, qui prête le moins d'attention à ces merveilles archi-

tecturales, n'en reçoit pas moins des visions inconscientes, combien durent être
frappés ceux à qui l'histoire locale était
familiére et qui retrouvaient dans les
archives des renseignements relatifs à la
construction de ces monuments ?

C'est ce qui mit le crayon aux mains
d'artistes plus épris des souvenirs du
passé que des choses de leur temps, et
c'est pourquoi un Langlois, par la com-
munication intime qu'il entretenait avec
l'art de pierre du moyen âge, put vivre
isolé et bizarre, cantonné dans le vieux
Rouen du passé et cependant être suivi
dans ses travaux par le Paris attentif aux
recherches du dehors et par l'Angleterre,
s'intéressant aux monuments d'un sol
que jadis elle avait conquis.

Vint plus tard un homme qui entre-
prit une véritable croisade en faveur de
l'architecture. Riche, et pouvant libéra-

lement disposer d'une partie de sa fortune, M. de Caumont créa un groupe et
fut suivi par quelques hommes intel-
ligents dans cette association normande,
qui eut sa raison d'être et son action
particulière de 1830 à 1860.

Les recherches archéologiques partirent
donc avec un ensemble imposant de
Rouen et de Caen. Elles se modifièrent
naturellement; mais l'étude de la céra-
mique, qui vint se greffer sur le tronc
archéologique, fut encore essentiellement
normande, Rouen ayant eu le privilège
de donner naissance, au XVIIe siècle, à
un art rayonnant et vigoureux.

Toutefois un jeune artiste était resté
fidèle à l'art de pierre. Architecte et
graveur, mieux qu'un autre il comprenait
que, malgré tant de lumières projetées
sur l'ensemble des monuments de sa
province, les murailles n'avaient pas

encore livré le secret de leur ornementation.

Continuant la mission de Langlois son compatriote, M. J. Adeline grava d'une pointe habile les anciens édifices de Rouen disparu, et sans répandre d'inutiles larmes sur tant de vieilles bâtisses que, malgré leur curiosité, les villes modernes ne peuvent conserver, il en donna la représentation aussi exacte que possible et dit clairement, grâce à son burin : — Voilà les maisons que vos pères ont habitées et dont je représente la silhouette.

L'artiste offrait ainsi aux enfants de la nouvelle génération, sinon les portraits de leurs aïeux, du moins un souvenir figuré des toits qui les abritaient.

Tel est le lot de l'archéologie : regards profonds sur le passé, intimité ravivée des foyers éteints, état des habitudes, des travaux, du concours des citoyens aux

Vous voyez dans les corridors des vieux manoirs des portraits de gens de robe et d'épée, de marquises travesties en Dianes, d'abbés galants qui ne baissent pas les yeux devant les échancrures de corsage des comtesses fardées. Ce sont les aïeux de la noblesse.

Nos aïeux, à nous bourgeois, forment corps avec les murs des cathédrales. Qui sait combien d'ancêtres nous comptons dans les manœuvres, maçons, tailleurs de pierre, serfs et corvéables, qui travaillèrent à l'érection de ces monuments ?

Et n'est-ce pas, indépendamment de l'intérêt d'art que ces murailles nous inspirent, un vague souvenir de famille qui nous les rend chères ? Nos parchemins, notre généalogie sont sous ces portails, dans ces tours ; chacun des enfants des classes moyennes se dit que ses pères y ont peiné, d'où notre émotion naturelle en face des monuments du moyen-âge.

Peut-être préoccupé de semblables souvenirs, M. J. Adeline, abandonnant les questions d'ensemble, était attiré par les détails pour les mieux étudier. Suivant la tendance moderne, qui est micrographe par excellence et à laquelle l'étude du détail a rendu tant de services, l'artiste recherchait le pourquoi de tant de sculptures troublantes par leurs grimaces et qui font de la façade des anciennes églises, peuplée d'anges et de démons, un Christ entre le bon et le mauvais larron.

Ce fut ainsi que M. J. Adeline emplit ses cartons de figures bizarres, entourées d'un nimbe de points d'interrogation, jusqu'à ce qu'il jugea à propos de donner corps à ses croquis et de demander à

l'érudition la raison d'être de ces représentations troublantes.

## II

Je note ici la singulière impression que
je produisis jadis sur l'un des Messieurs
Didot en lui parlant de mes études en
préparation sur la Caricature antique.
Dans ce cabinet, où s'était traitée plus
d'une fois l'exégèse de la littérature
grecque, j'entrais comme un barbare
qui tentait de souiller Athènes et quoique
la parodie ne fit encore qu'entonner aux
*Bouffes-Parisiens* la ritournelle d'airs qui
malheureusement durèrent trop longtemps, je devais passer pour un de ces
vaudevillistes sans vergogne qui ne res-
pectent rien et frottent de leur lie les
plus nobles figures de l'antiquité.

*Caricature* soudé à *antiquité* constituait,
il y a vingt ans, une sorte de blasphème;
c'était au moins une profanation que
d'accoler deux mots si divergents. Et pourtant, malgré les réserves de l'érudition
toujours un peu revêche et académique,
un ancien directeur de l'école d'Athènes,
membre de l'Institut, M. Georges Perrot,
vient d'imprimer un mémoire archéologique, sans craindre d'inscrire sur la cou-
verture, ce mot honni et malencontreux :
LE TRIOMPHE D'HERCULE, *caricature
grecque d'après un vase de la Cyrénaïque* (1).

Ce n'est pas le moment de revenir
sur la question de cette forme de
comique chez les Grecs. Il importe toutefois de noter que le savant M. Georges
Perrot, se prononce avec autorité contre
M. Chassang, maître des conférences à

(1) Paris. Typ. Chamerot, 1876, in-4°.

l'Ecole normale, qui voyant la pente glissante sur laquelle, suivant lui, je m'engageais témérairement, me suppliait de ne pas appliquer le même système aux sculptures parfois irreligieuses et cyniques des monuments du moyen-âge.

Sans m'arrêter à ces timidités, je poursuivais ces études et j'en étais récompensé par les sympathiques encouragements d'un maître, M. Viollet-le-Duc. Le savant architecte qui, plus qu'un autre a étudié l'ensemble et les détails des cathédrales dans une vie consacrée à la science, me donnait raison dans un de ces importants articles qui paient le chercheur de ses efforts, l'encouragent et le réconfortent.

Là science n'était pas d'accord avec la réserve esthétique universitaire ; mais que compte celle-ci dans le plateau de la balance où pèse celle-là ?

C'est sans doute grâce à de semblables semences, que dut germer l'idée de la publication de M. J. Adeline qui, de sa ville, suivait le mouvement d'érudition laissant encore tant de place aux interprétations.

## III

On a fortement discuté de part et d'autre sur les inductions à tirer du symbolisme du moyen-âge, et l'imagination des commentateurs s'en est donnée à cœur-joie en face des détails satiriques, obscènes ou plaisants, de pierres sans vergogne.

En l'absence de textes contemporains sur ces écarts des sculpteurs, le champ était ouvert à toute déduction.

Je n'ai trouvé depuis la publication de

mes études qu'un fil bien mince pour
sortir du labyrinthe construit par ceux
que je me suis permis d'appeler les
« symbolisateurs à outrance ».

Le miniaturiste du *Bréviaire de Belleville*
(fonds des manuscrits de la Bibliothèque
nationale) a donné une explication des
peintures qui ornent le manuscrit. Il est
le seul, à ma connaissance, qui ait tenté
de jeter quelques lueurs sur son sujet ;
mais sa clarté est trouble et de son com-
mentaire les modernes ne peuvent rai-
sonnablement se servir que des quelques
lignes suivantes :

Le miniaturiste parle, dit-il, « *de deus
manières* » ; dans l'une, il se sert du
« *sens gros et matériel* » dans l'autre, du
« *sens soutil* [subtil] *et esperituel* ».

Le sens « subtil », on l'a subtilisé à
l'excès, le sens « gros et matériel »,
malgré les lacunes qu'il laisse dans

l'esprit, est celui de tous qu'il convient
d'éveiller en de telles études.

Faire connaître par des dessins le plus
de détails d'architecture de l'ordre qui
est poursuivi ici, c'est venir en aide au
sens « gros et matériel « des caprices
inexpliqués de nos aïeux.

Voyons les choses matériellement
d'abord, avec les yeux plus qu'avec l'esprit. Prenons ces caprices avec la fantaisie de ceux qui les exécutèrent. Gardons-nous de nos trop riches interprétations modernes. Soyons simples comme
ces groupes d'ouvriers, qui parfois sans
doute, apportaient, dans leur travail,
une pointe de malice; mais ne transformons ces gausseries ni en révoltes
sociales, ni en produits de pieuses exégèses.

Le volume actuel, avec les cent croquis
dessinés par M. Adeline, n'est pas seule-

ment normand, il est un type des caprices du moyen-âge se profilant sur la plupart des cathédrales françaises, car l'esprit du temps et peut-être les migrations des tailleurs d'images expliquent-ils ces redites qui se remarquent sur plus d'un monument.

Sans doute certains ateliers de sculpteurs produisirent des merveilles à Reims, à Chartres, à Strasbourg, et donnèrent naissance à des figures de grand style qui ne se rencontrent pas ailleurs. A Rouen également, le portail des Libraires, celui de la Calende, nous montrent des visions et des scènes familières traitées avec un style particulier ; mais la plupart des autres détails comiques, cyniques, plaisants, se retrouvent sur la plupart des monuments français.

On voit presque partout comme en Normandie :

La représentation de la gourmandise, symbolisée par des pourceaux ;

Des diables excitateurs, troublant les prières de pieux personnages ;

Des gargouilles avec leurs projections animales et simiesques ;

Des mascarons que l'antiquité avait appris à rendre grimaçants ;

La faiblesse des hommes vis-à-vis de la femme, représentée par le *Lay d'Aristote ;*

Des facéties relatives à certains corps de métier, particulièrement à la vie nomade des musiciens et joueurs d'instruments ;

Des singes chargés de traduire la malice féminine ;

Des fous avec leurs marottes, image des vacillations de la raison humaine.

Partout on retrouve des postures bizarres de gens la tête en bas, les pieds en l'air, qui se prêtent ainsi à l'ordonnance décorative et rompent des lignes trop uniformes.

Partout on verra la fin de l'ornementation païenne prêter un dernier concours à l'ornementation chrétienne, et les syrènes, les chimères de l'art romain faire partie des mondes bizarres dans lesquels le sculpteur a cherché une soudure hybride.

Tous ces détails sont relevés avec soin et gravés dans cette monographie normande qui certainement en enfantera d'autres de même nature et fournira des points de comparaison entre les divers monuments de la France et de l'Etranger.

De tels livres sont utiles au progrès archéologique; ils réveillent l'attention détournée momentanément des monuments qu'on pouvait croire étudiés suffi-

samment, et si je reviens sur la question,
c'est que la première couche de commentateurs ayant dit son dernier mot et mis
sa plume au service des cathédrales, le
crayon lui succède aujourd'hui, s'adresse
plus directement aux yeux et fait sentir
la nécessité de Musées de moulages qui
parleront encore plus clairement et
diront un jour ce que fut l'Art du moyen-âge.

CHAMPFLEURY.

# LES SCULPTURES

## GROTESQUES ET SYMBOLIQUES

(ROUEN ET ENVIRONS)

---

## I

Il y a quarante ans, on publiait à Rouen, un volume aujourd'hui placé fort honorablement dans toutes les bibliothèques, et qui sous le titre de *Stalles de la Cathédrale de Rouen* (1) n'était autre chose qu'un recueil de sculptures grotesques et satiriques du Moyen-Age.

Ce volume, dû à un véritable artiste, E.-H. Langlois, du Pont-de-l'Arche—un archéologue doublé d'un excellent graveur — était orné d'eaux fortes gravées au trait, et devait avoir

(1) *Rouen.* In-8, avec 15 pl., 1838.

dans la pensée de son auteur une suite non
moins intéressante.

Le splendide portail septentrional de la
Cathédrale de Rouen, disait en effet Langlois
dans son essai sur la Calligraphie du moyen-
âge (1), est orné d'un nombre prodigieux de
figures fantastiques, et l'on ne sait ce que
l'on doit le plus admirer : de la folle bizarrerie
et de la variété étonnante de ces créations
étranges, ou de la haute perfection du ciseau
qui les a produites. *La publication iconolo-
gique de cette merveilleuse tératologie* (2)
continuait-il, — faisant allusion a un ouvrage de
Berger de Xivrey, dans lequel l'auteur cherche
a dévoiler le sens symbolique des monstres
fabuleux et à concilier la réalité d'absurdités
apparentes de l'histoire naturelle au moyen-
âge — *formerait une suite fort belle aux
Stalles; mais cette idée,* disait Langlois, *n'est
pour moi qu'un rêve favori dont je n'ose
espérer la réalisation.*

Nous reviendrons plus loin sur ces bas-

(1) *Rouen.* In-8, pl., 1841.
(2) *Traditions tératologiques.* Paris, 1836.

# I

# ROUEN

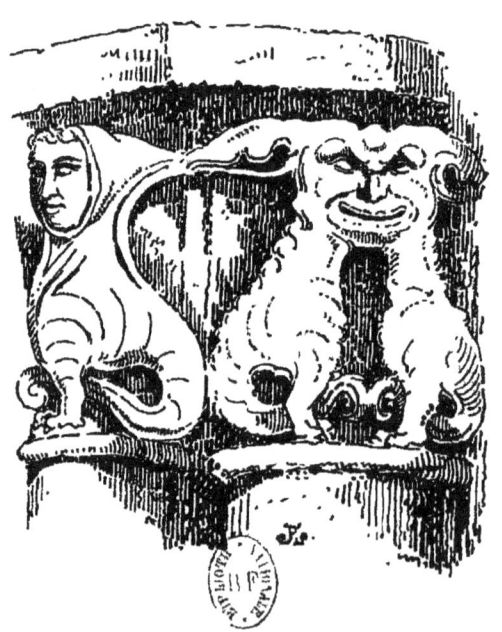

CHAPITEAU DE LA NEF DE LA CATHÉDRALE

reliefs du portail des Libraires de la Cathédrale de Rouen et sur ce curieux volume des
*Stalles* qui fut certainement un des premiers
ouvrages qui appelèrent l'attention sur les
sculptures grotesques et satiriques qui déco-
raient les édifices religieux au moyen-âge.

Ce n'est que bien plus tard en effet que
des artistes parisiens reproduisirent des figures
grotesques et principalement ce Lutin de
la Cathédrale, — véritable Méphistophélès,
— paraissant se complaire au tableau des
habitants de la ville se livrant à qui mieux
mieux au péché et laissant lire sur son visage
en un ensemble diabolique, la malice, l'orgueil
et l'envie. L'eau forte de Méryon (1) est bien
connue, quoique rare. Elle représente le *stryge*
sculpté à l'angle de l'une des tours de Notre-
Dame, contemplant Paris que domine le riche
clocher de Saint-Jacques-de-la-Boucherie avec
ses angles tout émoussés de sculptures, avec
ses quatre monstres juchés aux encoignures de
son toit, semblables à des sphinx donnant à

(1) Catalogue de l'œuvre de Méryon par P. Burty.
*Gazette des Beaux-Arts*, t. XV, 1863.

deviner au nouveau Paris, l'énigme de l'ancien. On lit au-dessous cette légende :

𝕴𝖓𝖘𝖆𝖙𝖎𝖆𝖇𝖑𝖊 𝖛𝖆𝖒𝖕𝖎𝖗𝖊 𝖑'é𝖙𝖊𝖗𝖓𝖊𝖑𝖑𝖊 𝖑𝖚𝖝𝖚𝖗𝖊
𝕾𝖚𝖗 𝖑𝖆 𝖌𝖗𝖆𝖓𝖉𝖊 𝕮𝖎𝖙é 𝖈𝖔𝖓𝖛𝖔𝖎𝖙𝖊 𝖘𝖆 𝖕â𝖙𝖚𝖗𝖊 (1)

Depuis quarante ans le goût de l'archéologie s'est répandu dans toutes les classes de la société. D'un côté, la curiosité aidant, de l'autre, les partisans d'un symbolisme effréné voulant expliquer à tout prix les choses les moins explicables, de nombreux volumes

(1) La planche de Méryon avait attiré l'attention des artistes ; la foule devait plus tard (Salon de 1873) se presser curieusement devant une amusante toile de E. de Beaumont « Où diable l'amour va-t-il se nicher » nous montrant derrière cette même figure de *stryge;* deux amoureux tendrement enlacés, une figure d'homme à peine entrevue et une jeune femme dont le corsage vert pomme agréablement décolleté jetait sa note vive et claire parmi les tons gris des sculptures de pierre. Ce tableau a été reproduit à l'eau-forte par Léon Gaucherel, *Paris à l'eau-forte*, 1873, t. II, et réunit deux grotesques : le *Stryge* de Méryon et une autre figure gravée depuis par Ant. Monnier (*Eaux-fortes et Rêves creux*).

# ROUEN

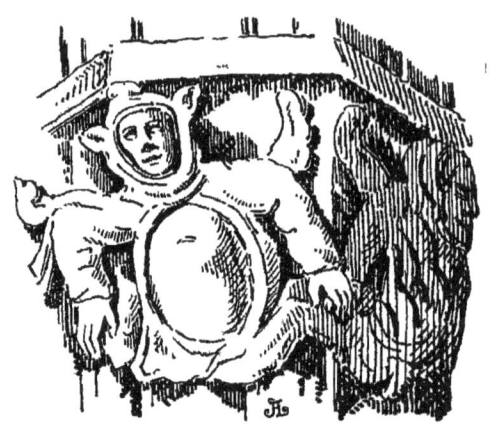

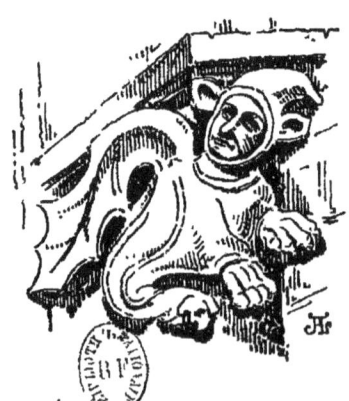

DEUX RETOMBÉES DE VOUTE DE LA CATHÉDRALE
(Chapelle Saint-Étienne. — *Tour de Beurre.*)

parurent. Les uns, d'un aspect engageant,
d'une lecture facile, instructifs et agréables à
lire pour tous, tels que l'excellente *Histoire*
*de la Caricature* de notre ami Champfleury ;
les autres, graves, solennels et sérieux,
bourrés de science, de faits, de dates et de
citations... un peu indigestes, peut-être, mais
en tout cas ne s'adressant qu'à un public fort
restreint, tels que les *Mélanges d'archéologie*
et les *Traités du symbolisme,* de plusieurs
auteurs. Aujourd'hui on est familiarisé complétement avec ces monstruosités ; on n'en dé-
tourne plus les yeux avec horreur ; bien au
contraire... On les regarde, curieusement il
est vrai, mais en cherchant à les bien voir ;
et il est permis à plus d'un, sans être accusé
de mauvais goût, d'être du même avis que
Théophile Gautier (1). « Le profil de l'Apollon
est d'une grande noblesse — c'est vrai, dit-il,
mais un mascaron grimaçant, dont l'œil s'ar-
rondit en prunelle de hibou, dont la barbe se
contourne en volutes d'ornement, est, à de

(1) *Les Grotesques,* préface, p. XI, Paris, nouvelle
édition. 1859.

certaines heures, plus amusant à l'œil. Une guivre griffue, rugueuse, papelonnée d'écailles, avec ses ailes de chauve-souris, sa croupe enroulée et ses pattes aux coudes bizarres, produit un excellent effet dans un fouré de plantes extravagantes; — un beau torse de statue grecque vaut mieux sans doute, et pourtant il ne faut pas mépriser la guivre.

De ce que la Vénus de Milo est belle on ne saurait admettre que toutes les femmes qui ne ressemblent pas à la Vénus de Milo sont laides, a dit M. Viollet-le-Duc. Et plus d'un morceau de sculpture du moyen-âge, sans offrir les caractères de beauté de l'art antique, n'en est pas moins parfois fort agréable à regarder.

C'est l'avis d'un grand nombre d'auteurs et de Théophile Gautier, qui prétend avec infiniment de raison que : « Le ragoût de l'œuvre bizarre vient à propos raviver le palais affadi par un régime trop sain et trop régulier et que les plus gens de goût ont besoin quelquefois pour se remettre en appétit, de piment, de concetti, et de gongorismes. »

# III

# ROUEN

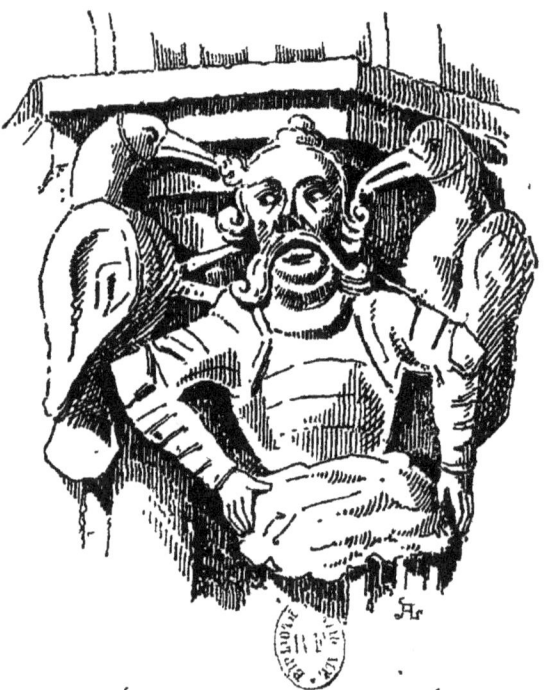

RETOMBÉE DE VOUTE DE LA CATHÉDRALE

(Chapelle Saint-Etienne. — *Tour de Beurre.*)

## II

Jadis, les sculpteurs statuaires n'étaient que
de simples *imagiers*; mais le titre ayant paru
maigre on l'a changé (1).

De nos jours, où la caricature est exclusivement cantonnée dans les petits journaux,
on ne connait pas un architecte appelé à
bâtir une église moderne qui ornemente la
façade et les chapiteaux de magots et de
figures bouffonnes (2).

Pour décorer une église, on s'adresse maintenant au sculpteur ornemaniste, à celui
qu'autrefois on nommait le *tailleur-folliager*.
C'est lui qui creuse les feuillages et les
rinceaux. Pour les figures on fait généralement appel aux fabricants de statues au

(1) Viollet-le-Duc. *Dictionnaire d'Architecture*
(2) Champfleury. Préface de l'*Histoire de la Caricature au moyen âge*

rabais, de toute dimension, de toute matière, de tous prix, qui encombrent alors de leurs produits l'édifice qui devient parfaitement banal.

Il y aurait peut-être beaucoup à dire sur les tendances au style pur que l'on paraît afficher dans tous les nouveaux projets d'églises et peut-être en cherchant bien ce goût prédominant s'expliquerait-il tout naturellement et d'une façon fort simple. Ces édifices, de style primitif supportent plus aisément que d'autres l'absence totale de sculptures; le monument une fois achevé, parait peut-être manquer de quelque chose, il parait peut-être incomplet, ses surfaces nues inquiètent bien un peu le regard; mais il y a économie et cette compensation en vaut bien une autre, parait-il. Au moyen âge cependant, la *sculpture* ne se sépare pas de l'*architecture*, et Viollet-le-Duc a retracé à grands traits l'histoire de la sculpture à cette époque.

Au commencement du xiii^e siècle, dit-il (1),

---

(1) *Dictionnaire d'Architecture*, t. VIII.

# IV

# ROUEN

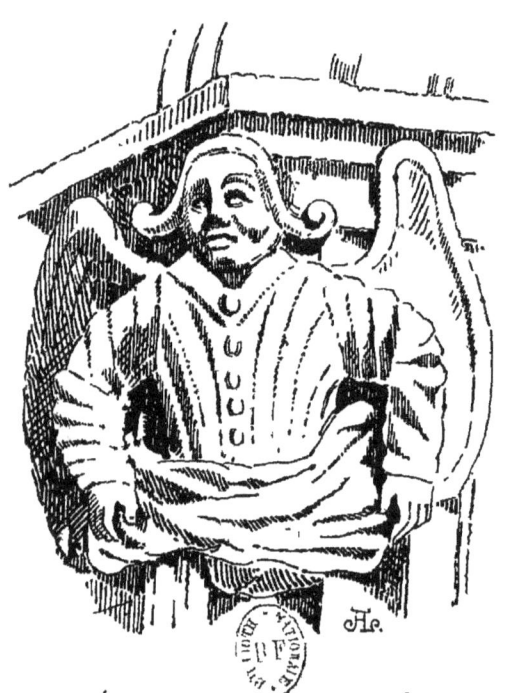

RETOMBÉE DE VOUTE DE LA CATHÉDRALE

(Chapelle Saint-Etienne. — *Tour de Beurre.*)

les moines ne sont plus maîtres-ès-arts, ils
sont débordés par une société d'artistes laïques
que peut-être ils ont élevés, mais qui ont
laissé de côté leurs méthodes surannées. La
Cour n'existe pas encore, et ne peut imposer
ou avoir la prétention d'imposer un goût,
comme cela s'est fait depuis le xvie siècle.

La féodalité était occupée de luttes contre
les empiétements du haut clergé, et les établis-
sements monastiques ne songaient guère à
gêner le travail qui se faisait dans les grandes
cités.

Les cathédrales (de 1160 à 1240) furent
*l'école active des architectes, imagiers,
peintres, sculpteurs qui trouvaient là un
chantier ouvert dans chaque cité et sur lequel
ils conservaient toute leur indépendance,* et
les prélats, désireux d'élever des édifices qui
pussent consacrer le pouvoir auxquels ils
aspiraient, se gardaient bien de gêner les
tendances des artistes.

De 1180 à 1230, soit que le blâme de
Saint-Bernard — (les Cistesciens du xiie siècle
sont de véritables iconoclastes) ait porté un coup
sur les esprits, — nous reviendrons plus loin

sur cette violente aspostrophe de l'abbé de
Clairvaux sur laquelle M. Champfleury n'a
eu garde de passer. — De 1180 à 1230 soit
que l'Episcopat partage ses idées, soit que
l'esprit philosophique ait progressé dans les
sculptures des cathédrales, les sujets empruntés
aux légendes disparaissent, et la sculpture
cherchant ses inspirations dans l'Ancien et le
Nouveau-Testament devient une · encyclopédie représentée (combats des vices et des
vertus, figures symboliques, etc., etc.)

Tandis que les *Chansons de Geste* et les
*Grandes Epopées* venaient au monde, la
sculpture répandait à pleines mains sur les
innombrables chapiteaux de nos églises
romanes, les figures les plus capricieuses,
les scènes les plus étrangères à la sévérité du
lieu saint.

Cette licence de l'art plastique s'attira
d'ailleurs dès l'origine de rigoureux anathèmes; plus d'une voix éloquente et sainte
s'éleva contre elle pour la condamner avec
énergie.

Saint-Bernard écrivait à Guillaume, abbé

V

# ROUEN

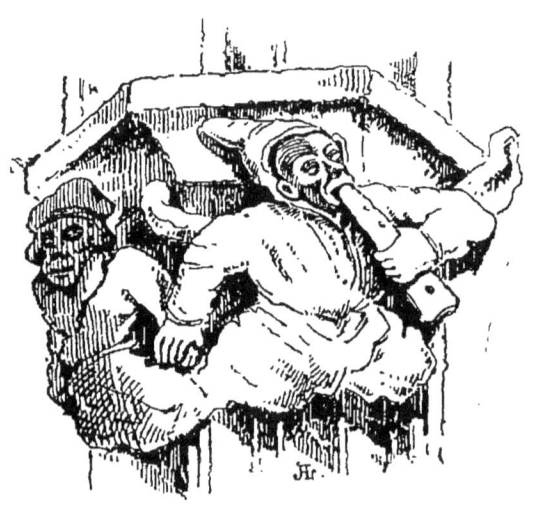

RETOMBÉE DE VOUTE DE LA CATHÉDRALE

Chapelle Saint-Etienne. — *Tour de Beurre.*

de Saint-Thierry (1). « A quoi servent dans
les cloîtres, sous les yeux des frères et pendant
leurs pieuses lectures, ces ridicules monstruosités, ces prodiges de beautés difformes
ou de belles difformités ? Pourquoi ces
singes immondes, ces lions furieux, ces
monstrueux centaures, ces animaux demi-

(1) *Apologia ad Guillelm. Sancti Theoderici Abba-
te.* C XI...

« In claustris coram legentibus fratribus quid facit illa
ridicula monstruositas, mira quædam deformis formo-
sitas, ac formosa deformitas ! Quid ibi immundæ simiæ ?
Quid feri leones? Quid monstruosi centauri? Quid
semihomines? Quid maculosæ tigrides ? Quid milites
pugnantes? Quid venatores tubicinantes? Videas sub
uno capite multa corpora, et rursus in uno corpore
capita multa. Cernitur hinc in quadrupede cauda
serpentis illinc in pisce caput quadrupedis. Ibi bestia
præfert equum, capram trahens retro dimidiam ;
hic cornutum animal, equum gestat posterius. Tam
multa denique tamque mira diversarum formarum
ubique varietas apparet, ut magis libere libeat in mar-
moribus quam in codicibus, totumque diem occupare
singula ista mirando quam in lege Dei meditando.
Proh Deo! si non pudet ineptiarum, cur vel non
piget expensarum ? »

hommes, ces tigres tachetés, ces soldáts qui
combattent, ces chasseurs qui sonnent de la
trompe? Ici une seule tête s'adapte à plusieurs
corps; là sur un seul corps se dressent
plusieurs têtes. Tantôt, un quadrupède porte
une queue de serpent, tantôt une tête de quadrupède figure sur le corps d'un poisson.
Quelquefois c'est un monstre avec le poitrail
d'un cheval et l'arrière-train d'une chèvre.
Ailleurs un animal cornu se termine en
croupe de cheval. Il se montre partout enfin
une variété de formes étranges, si féconde et
si bizarre, que les frères s'occupent plutôt à
déchiffrer les marbres que les livres, et
passent des jours entiers à contempler toutes
ces figures, bien mieux qu'à méditer sur la
loi divine... Grand Dieu? si vous n'avez
honte de semblables inutilités comment au
moins ne pas regretter l'énormité de la
dépense. »

Ainsi parlait au xiiᵉ siècle, le grand abbé de
Clairvaux. Au xviᵉ siècle lorsque les satyres
et les bacchantes affichaient les postures les
moins équivoques, jusque sur les siéges réser-
vés aux pontifes, Angelus Rumplerus abbé

# VI

# ROUEN

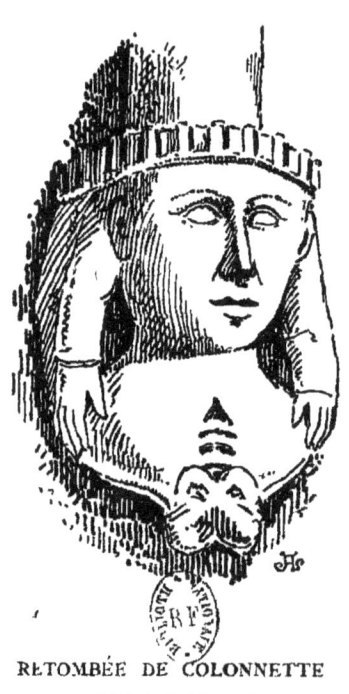

RETOMBÉE DE COLONNETTE

(Nef de la Cathédrale.)

de Forbach, critiquait non-seulement comme
saint Bernard, les lions, les lionnes et les
dragons, mais réprouvait certaines représentations licencieuses en termes tellement éner-
giques. que M. de Guilhermy (1) renonce à les
reproduire en se félicitant toutefois que ce
rigorisme dangereux n'ait point fait école et
que fort heureusement la voix du susceptible
abbé n'ait pas eu le pouvoir d armer du
marteau le bras de nouveaux iconoclastes.

Nous allons voir, en effet, que malgré ces
anathèmes et ces récriminations les sculptures grotesques empruntées aux monuments
civils et religieux de Rouen et des environs.
sont encore fort nombreuses.

(1) Iconographie de, Fabliaux. *Ann  archéolog*
t HI année 1845.

## III

La première vignette de notre recueil reproduit un chapiteau des bas-côtés de la nef de la Cathédrale (I). Malgré un épais badigeon jaunâtre — les détails en sont encore fort apparents. Ce sont deux monstres à têtes humaines qui par l'exécution des détails se rapprochent des feuillages qui décorent habituellement les corbeilles des chapiteaux du xiiie siècle.

Les retombées de voûtes de la chapelle Saint-Etienne (on appelle ainsi la chapelle qui occupe le rez-de-chaussée de la Tour-de-Beurre) sont d'une exécution très-simple et taillées par larges plans.

Faut-il appliquer à l'une de ces figures (II) l'expression du moyen âge : *rire à ventre déboutonné* (1). Il est vrai que le peuple fran-

(1) A. Canel. *Recherches sur les Fous.* Paris, 1873.

# VII

# ROUEN

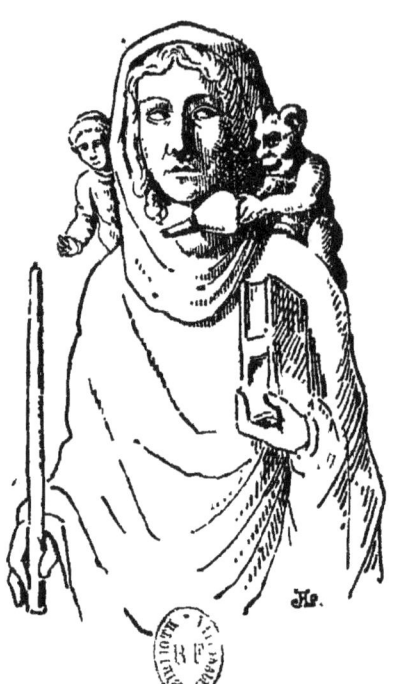

STATUE DE SAINTE GENEVIÈVE

(Cathédrale. — *Cour des Libraires.*)

4

çais a toujours été le peuple rieur par excellence, mais il ne faut pas oublier non plus
que le « capuchon de la folie fut une arme de
récrimination contre des gens qui n'avaient
rien de commun avec les fous de profession (1). » D'ailleurs si le vêtement est ouvert le
visage nous parait singulièrement renfrogné.

Nous reproduisons plus loin (**XXX** et
**XXXIII**) deux fous et un joueur de cornemuse
qui existent au Palais-de-Justice, et nous
aurons occasion de revenir sur quelques
sculptures de ce monument. Rappelons à ce
sujet que pour les fous d'office bien appris il
fallait savoir gambader comme un singe, jouer
de la cornemuse, de la trompette et du rebec
et que : une marmotte, un chaperon à longues
oreilles, des sonnettes, une jaquette découpée
en angles aigus, un coqueluchon pointu,
décoré de longues oreilles, une vessie de porc
renfermant une poignée de pois sec, tels
étaient les attributs de la bouffonnerie.

Quelques fragments ayant appartenu à plusieurs monuments de Rouen et principale-

(1) A. Canel. *Recherches sur les Fous.*

ment à la Cathédrale sont conservés au Musée
d'antiquités, tels sont entre autres une clef de
voûte et un arêtier représentant Nabuchodonosor changé en bête (IX) qui peut nous servir
de transition naturelle pour arriver aux gargouilles.

Parmi les nombreuses gargouilles des édifices de Rouen et des environs nous avons
choisi, de préférence à un certain nombre, des
figures humaines, qui, par leur posture singulière ou leur accouplement étrange avec
des animaux informes, nous paraissaient rentrer plus spécialement dans le cadre de cette
publication.

Les gargouilles — gargolles, guivres, canons,
lanceurs, (1) — dit M. Viollet-le-Duc, affectent
en général, et dès le xiii° siècle, la forme
d'animaux fantastiques lourdement taillés,
comme pour laisser voir leur structure.

Outre leur nécessité pour l'écoulement de
l'eau, les gargouilles d'une variété prodi-
gieuse donnent aux silhouettes des édifices
un caractère particulier, et font valoir les
grandes lignes du monument.

(1) *Dict. d'Architecture*, T. VI.

# VIII

## ROUEN

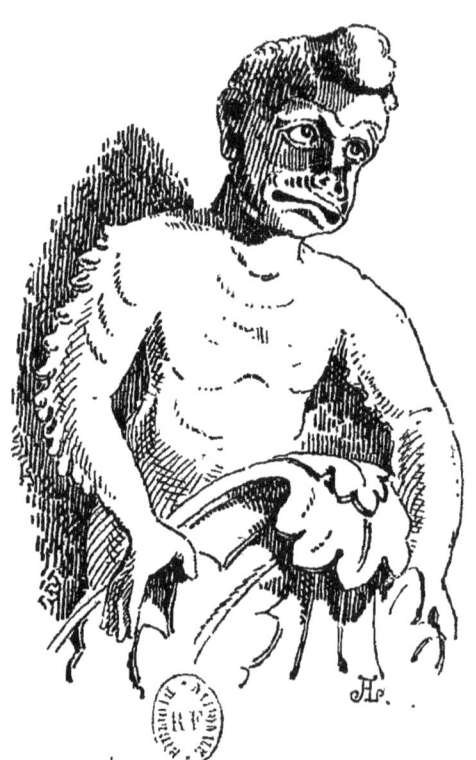

FRAGMENT DE SCULPTURE

(Actuellement au Musée départemental d'antiquités)

Le liais-cliquard était le calcaire du bassin de la Seine choisi de préférence pour les gargouilles, car il fallait une matière assez ferme, assez tenace pour résister sur une saillie parfois considérable. Très-souvent les gargouilles sont formées d'animaux entiers, attachés par leurs pattes aux larmiers supérieurs, leurs têtes se détournant pour jeter les eaux le plus loin possible des angles des contre-forts.

Vers la fin du XIII<sup>e</sup> siècle la composition des gargouilles devint bien plus compliquée; au XIV<sup>e</sup> siècle, elles sont généralement longues, déjà grêles et souvent chargées de détails; au XV<sup>e</sup> siècle elles s'amaigrissent encore et prennent un caractère d'étrange férocité.

Un grand nombre de gargouilles des monuments religieux de Rouen présentent à leur partie inférieure une petite figure humaine qu'elles paraissent étouffer entre leurs pattes et qu'elles dominent de toute leur saillie.

C'est ainsi que nous aurions pu multiplier les exemples dans le genre des vignettes XV et XVI, empruntées à la Cathédrale et à l'église Saint-Ouen.

Deux édifices religieux de Dieppe, les églises Saint-Jacques et Saint-Remy, présentent de fort curieuses gargouilles se distinguant par la bizarrerie de leur pose et de leur forme (1). l'Eglise Saint-Jacques offre de nombreux détails Renaissance, des chapelles autour du chœur du xv° siècle, et l'église Saint-Remy, fondée en 1522, terminée 1670, présente également l'ogive gothique mêlée à la Renaissance païenne (2).

Nous avons reproduit (XVII et XVIII) un certain nombre de ces gargouilles, et l'abbé Cochet dans ses églises de l'arrondissement de Dieppe a consacré quelques lignes à deux d'entre elles.

D'abord, il annonce qu'il va faire remarquer des particularités qu'il voudrait passer sous silence, et dont plusieurs lui paraissent aussi bizarres qu'inexplicables.

Nous ne parlons pas, continue-t-il, des oiseaux de proie, mais de formes humaines,

---

(1) **Joanne.** — *Itinér. de la France. Normandie.*

(2) L'abbé Cochet, *Eglises de l'arrondissement de Dieppe.*

IX

# ROUEN

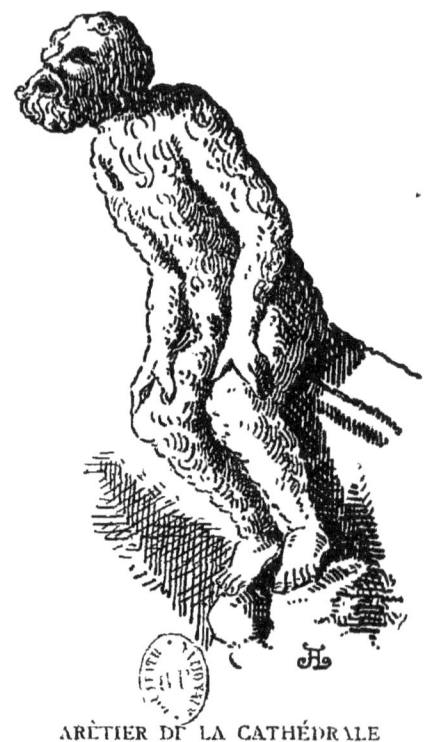

ARÈTIER DE LA CATHÉDRALE

(Actuellement au Musée départemental d'antiquités.)

dont l'attitude est des plus singulières, et nous demandons pardon aux lecteurs des détails *honteux* dans lesquels il nous faut entrer.

Nous devons interrompe ici la description du célèbre archéologue normand, qui, ce nous semble, qualifie d'une façon bien dure des motifs de gargouilles — bien innocentes, — ainsi qu'on le verra plus loin.

On a félicité M. Champfleury de n'avoir introduit, dans son volume, qu'avec une extrême réserve les vignettes un peu gauloises d'accent, qu'il lui eut été facile de rendre plus nombreuses ; tout le monde sait quelles libertés prenaient les sculpteurs dans l'ornementation des églises. Les sujets singuliers ne manqueraient donc pas à reproduire. Mais les temps sont passés heureusement où des iconoclastes d'un nouveau genre auraient pu commettre d'irrémédiables suppressions de sculptures, et on n'a pu constater qu'un seul fait de fanatisme de ce genre, qui fut de la part de M. de Guilhermy, l'objet d'une vive apostrophe et d'une citation du bon Montaigne, d'une application fort juste.

En 1840, les nudités de la cathédrale

d'Auch excitèrent le fanatisme d'un malheureux qui, s'étant enfermé dans l'édifice, passa une nuit entière à convertir en eunuques les anges et les marmousets sculptés sur les boiseries.

Le malheureux n'avait donc jamais lu ce passage de Montaigne, dit M. de Guilhermy (1) : « Le bonhomme qui en ma jeunesse chastra, tant de belles et antiques statues en sa grande ville, pour ne corrompre la veüe... se devoit adviser... que ce n'estoit rien avancer s'il ne faisoit encore chastrer et chevaux et asnes, et nature enfin » (*Essais de Montaigne,* liv. III. chap. V.)

Mais reprenons la description des gargouilles de l'église Saint-Jacques de Dieppe, d'après l'abbé Cochet.

L'une, est un *homme nu*, qui n'a qu'une ceinture, d'où pend une braie squammeuse ; d'une main il *soutient son cœur*, de l'autre, il tient la longue barbe de son menton, et il *vomit*.

Cette gargouille est aujourd'hui complète-

(1) *Rev. d'Architect.* 1840.

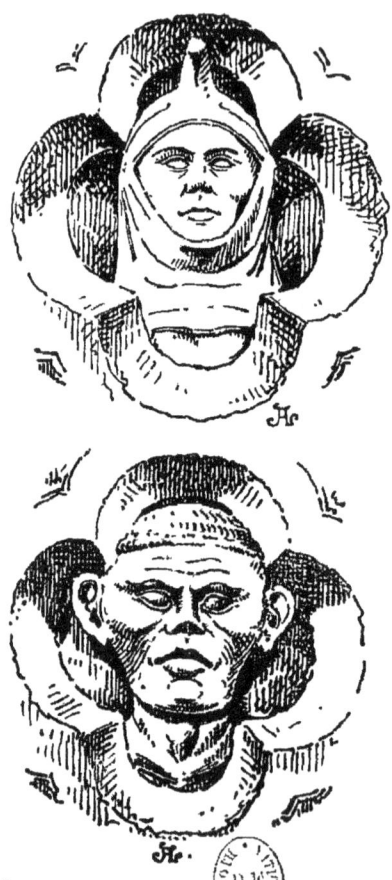

# X
# ROUEN

DEUX MÉDAILLONS SUR BOIS. — FRISE DE PORTE
(Cathédrale. — *Portail des Libraires.*)

ment frustre, mais celle qui est près d'elle, et que nous reproduisons, est mieux conservée. Voici comment l'abbé Cochet la décrit : « A coté est une femme également nue, avec une ceinture d'écaille — ou une sorte de gaine écaillée, car la pierre est très-*frustre* — ses cheveux sont jetés sur son dos, elle porte une main à ses cheveux, et l'autre à sa gorge. Les seins gonflés vomissent des torrents d'eau; on est tenté de reconnaître ici un triton et une sirène. La Renaissance des lettres qui s'opérait alors aura inspiré, aux artistes de ce temps, ces conceptions mythologiques, et ils auront cru, en reproduisant ces monstres de la mer, plaire aux marins qui composaient cette paroisse. »

Une église des environs de Rouen, complètement réédifiée aujourd'hui, élevée au xvi<sup>e</sup> siècle sur les ruines d'une église romane, offrait aussi de curieuses gargouilles et de fort singuliers détails. Nous reproduisons deux fragments, malheureusement très-frustres, empruntés à cette ancienne église de Caudebec-lès-Elbœuf. L'un (XXVI), est un fragment de gargouille, l'autre motif (XXV) décorait un

pinacle. Du côté opposé à cette figure une
simple feuille d'ornementation remplit le
triangle semblable, réservé sur l'autre face
du pinacle et il est évident que le sculpteur
en décorant cet angle d'une petite figure aussi
singulièrement présentée avait parfaitement
atteint son but s'il avait désiré distraire ou
faire sourire ceux dont le regard devait
rencontrer cette petite sculpture grotesque.

Au nombre des postures singulières il ne
faut pas oublier non plus ce curieux bas-
relief (XXVII) de Hérodiade, dansant sur les
mains, empruntée à l'un des portails de la
Cathédrale, et cette figure dans une pose
presque identique qui appartient à un chapiteau de l'abbaye de Saint-Georges de
Boscherville, conservé aujourd'hui au Musée
d'Antiquités.

On peut classer aussi parmi ces singula-
rités, un corbeau provenant de cette abbaye
de l'époque romane, qui offrait un grand
nombre de chapiteaux et de moulures décorées
de monstres, d'animaux, de têtes et de
figures humaines. Parmi ces motifs on
trouvait même quelques *obscena*, dit M. A.

# XI

# ROUEN

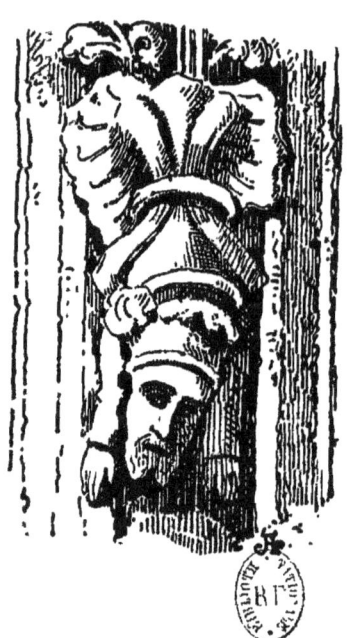

FRAGMENT DE MOULURE.

Cathédrale — Jubé de la *Cour des Libraires.*)

Deville (1), exemples qui ne sont pas rares dans les basiliques chrétiennes, mais qu'on est toujours étonné d'y rencontrer. Néanmoins, ajoute-t-il, ils sont ici en très-petit nombre.

Rappelons ici, non-seulement à titre de curiosité, mais encore pour ceux qui chercheraient à expliquer ces *obscena* par une persistance d'une tradition qu'ils voudraient faire remonter jusqu'au culte ityphallique, que non loin de cette abbaye, était la chapelle de Saint-Gourgon, au hameau du Genetey, célèbre par une « assemblée ». On s'y rendait en foule de Rouen et l'on vendait *encore au commencement de ce siècle,* des représentations d'organes sexuels d'hommes et de femmes en verre émaillé, que les filles et les garçons portaient suspendues à un ruban (2).

---

(1) *Essai sur Saint-Georges de Boscherville,* in-4º ; Rouen 1827.

(2) L'abbé Cochet. — *Répert. Archéologique de la Seine-Inférieure.*

## IV

Le Palais de Justice offre, à l'intérieur de la grande salle des Pas-Perdus, divers motifs de sculptures sur bois, fort singuliers. Les uns sont appliqués sur la grande moulure qui règne comme une corniche, à la base de la voûte de cet immense vaisseau; les autres sont placés sur un profil de moulure à l'intérieur des grandes lucarnes.

Cette salle vient d'être tout récemment restaurée. Un certain nombre de ces mascarons, représentent des figures grotesques dans des attitudes plus ou moins étranges; ainsi qu'on pourra s'en convaincre par les vignettes XXVIII et suivantes. Mais en outre des figures humaines ou purement fantastiques, il s'y trouve des animaux en nombre relativement considérable, exécutés fort simplement et à très-peu de frais; telle est une figure de singe (XXIX). Au nombre de ces sujets gro-

# XII

## ROUEN

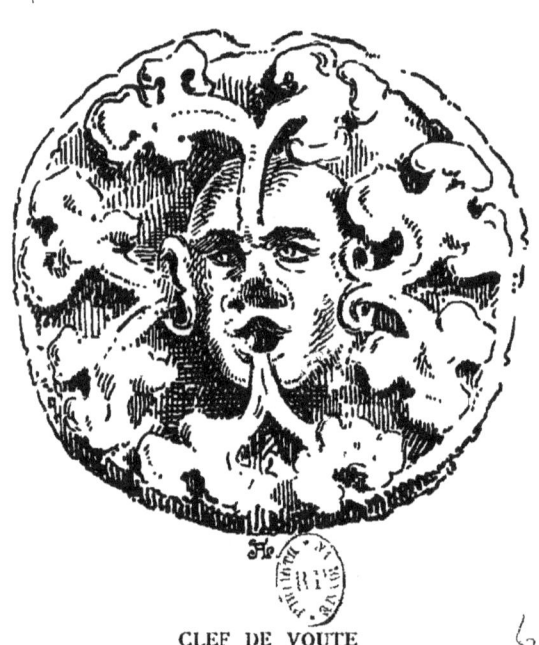

CLEF DE VOUTE

(Cathédrale. — Actuellement au Musée d'Antiquités.)

tesques, se trouvent deux fous placés *tête-bèche* suivant une expression vulgaire et une posture fort singulière, offrant une certaine analogie avec la sculpture de la Cathédrale souterraine de Bourges (1). De tels motifs d'ornementation destinés à amener le sourire plutôt que la réflexion de ceux qui les contemplent s'expliqueraient plus facilement à l'intérieur d'une salle de Procureurs, qu'à l'intérieur d'une église. Mais ce serait aller bien loin peut-être que de rattacher au culte ityphallique (2) ces priapées taillées avec innocence par de naïfs huchiers. Au surplus, libre à chacun d'interpréter à sa guise ces motifs empruntés à un monument construit en 1493, pour servir de bourse, à une salle qui ne coûta pas moins de 89,000 livres, que les touristes anglais admirent, bien que suivant eux, elle ne représente qu'en *petit* la salle de Westminster (3) et qu'ils ne la

---

(1) Champfleury. — *Hist. de la Caricature*, 1ᵉ édit p. 240.

(2) *Ibid.*

(3) Gally-Knight. *Excurs. en Normandie*, Londres 1836.

donnent que comme un riche exemple du style le moins pur et le moins massif du xv° siècle.

Fort heureusement cette appréciation — un peu envieuse peut-être — n'est point partagée de tous. Indépendamment de l'intérêt plus spécial qui nous attire aujourd'hui vers ses sculptures grotesques, cette immense *salle des Pas-Perdus*, de près de 5o mètres de longueur sur 17 de largeur, n'est pas la partie la moins curieuse du superbe Palais de Justice de Rouen.

# XIII

# ROUEN

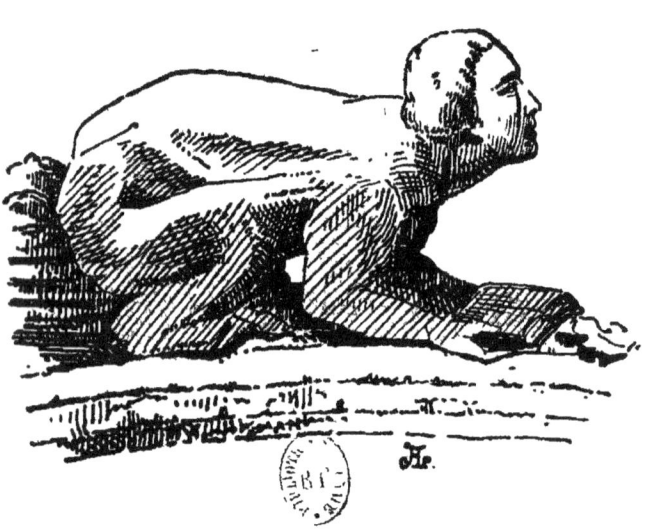

**FRAGMENT DE SCULPTURE**

(Actuellement au Musée départemental d'Antiquités.)

## V

Au moyen-âge, les stalles des églises présentaient des surfaces à décorer et nous
allons voir comment E.-H. Langlois décrivait
ces curieux motifs de sculpture.

Ce n'est pas seulement à la Cathédrale de
Rouen qu'il existait des sujets plus ou
moins singuliers ; au Musée d'Antiquités on
conserve le moulage de deux stalles fort
curieuses de l'église Saint-Etienne-des-Ton-
neliers, laquelle est supprimée aujourd'hui
et transformée en magasin (1).

L'une de ces miséricordes — ou petit
siége — représente un soudard la tête coiffée
d'une toque, ornée de plumes, venant le broc
en main sonder du doigt une futaille. L'autre
que nous n'avons pas jugé à propos de reproduire, représente un tonnelier armé du mail-
let, achevant de cercler une barrique.

(1) Voy. *Rouen qui s'en va.*

Il y a évidemment dans ce dernier sujet une
confirmation de l'idée émise par M. Champfleury à propos des stalles de la Chathédrale.
J'ai cru un moment, dit-il (1), que ces représentations symbolisaient les corps d'état qui
avaient concouru par leurs aumônes à mener
à bonne fin ces ouvrages de hucherie. J'ai
cru que les personnages marquant de ces
corporations avaient droit à s'asseoir dans
le chœur sur des stalles représentant les
emblèmes de leur profession. Mais, ajoute-t-il,
tout est hypothétique dans ces matières et, en
première ligne, on peut mettre sur le compte
du caprice ou de l'imagination des artistes
l'ornementation des miséricordes et des
accoudoirs.

Les sujets dus au caprice et à l'imagination
des sculpteurs dans les stalles de la Cathédrale
sont fort nombreux et nous avons groupé sur
une seule page six figures monstrueuses
émpruntées à ces miséricordes. Le septième,
est la mise *en relief* d'un vieux proverbe —
source abondante et féconde de drôleries que

(1) *Histoire de la Caricature au moyen-âge.*

# XIV

# ROUEN

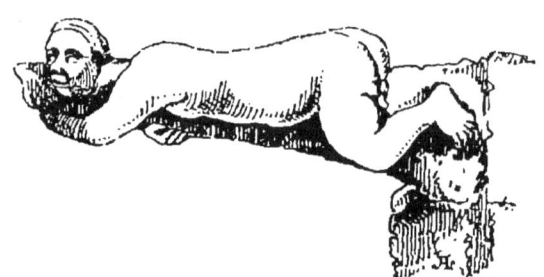

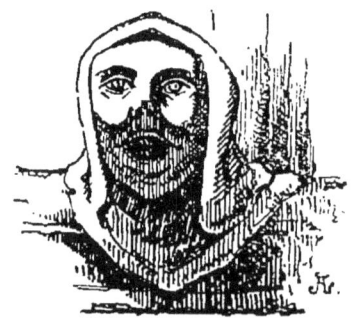

GARGOUILLES

(Cathédrale. — *Cour de l'Albane et Portail des Libraires.*)

l'on interprétait, dit Th. Wright (1), — d'une façon plus ou moins heureuse. Tel est celui-ci : *Margaritas ante Porcos.*

Voici au sujet de ces stalles — et surtout de ces sujets monstrueux, — ce que pensaient E.-H. Langlois et M. Deville qui ajouta à cette publication quelques notes fort importantes.

« Les stalles de la Cathédrale de Rouen furent exécutées vers 1467, et sont attribuées à la munificence du cardinal Guillaume d'Estouteville.

« Parmi les sujets représentés il faut mettre sur le compte du simple caprice ou de l'inspiration des artistes, les attributs et les scènes qui rappellent le souvenir d'un grand nombre de corporations (2). Et en effet tout était en corporation à cette époque (3), depuis les servantes qui avaient Sainte-Marthe ou Sainte-Pétronille pour patronnes jusqu'aux filles publiques qui invoquaient Sainte-Madeleine.

(1) *Histoire de la Caricature et du grotesque dans la Littérature et dans l'Art.*

(2) Note de M. A. Deville.

(3) Sauval, *Antiquit. de Paris.*

« On y trouve un grand nombre de figures grotesques, harpies, lions à faces humaines, mélusines à corps gracieux terminés en longue queue de serpent. Enfin, on trouve parmi ces derniers sujets, pour employer une des locutions de leurs vieux fabricateurs, la plupart des *droleries* si fréquemment employées par les sculpteurs et les calligraphes. C'est ainsi qu'on désigna quelquefois jadis ces figures hétérogènes créées de l'amalgame des traditions antiques avec les idées extravagantes des innombrables romans de la *Table Ronde* et des grosses farces pieuses et profanes de nos aïeux. Les *grotesques* dont les analogues se retrouvent en tous lieux, — fête des fous — sont-ils le fruit de l'imagination déréglée des sculpteurs et des peintres? ou sont-ils calqués sur des types pris en dehors des conceptions ordinaires de l'art ?

« Pour moi, disait Langlois, cette étrange iconographie se rattache à des faits passés dans le monde réel, et c'est dans l'emploi des masques si fréquent dans le moyen âge, c'est dans les déguisements mimiques et les travestissements des hommes en animaux, en monstres,

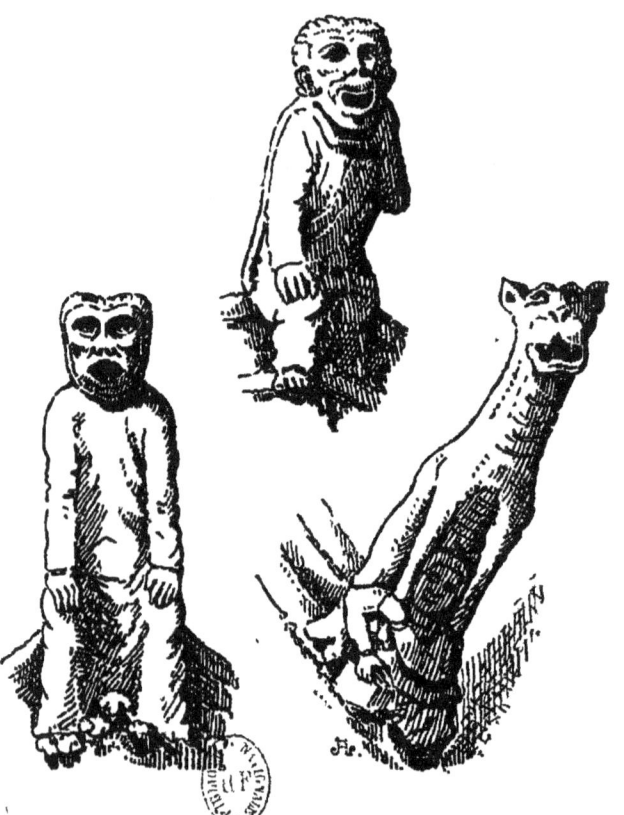

TROIS GARGOUILLES DE LA CATHÉDRALE

(Chapelle de la Vierge et *Portail de la Calende.*)

6

en spectres infernaux, que je crois, à travers les brouillards des âges, entrevoir l'origine de ces créations métaphysiques.

« C'est à ces causes, suivant Langlois, que l'on doit attribuer ces sujets ridicules, bizars et burlesques. On se déguisait dans les fêtes en l'honneur de Bacchus, dans celles en l'honneur de Cybèle. »

Langlois est revenu à diverses reprises sur ces interprétations de souvenirs de l'antiquité.

Dans son essai sur la *Calligraphie au moyen-âge* (1) il a reproduit plusieurs figures, empruntées au manuscrit de la Bibliothèque nationale les *Merveilles du Monde* ou voyages de Marc-Paul — ouvrage composé en 1336.

Nous y trouvons divers monstres, plus ou moins horribles — acéphales, à tête de chien — qui ne sont pas sans analogie avec nos sculptures grotesques, mais nous croyons aussi, avec Langlois, que « les récits de la fable antique, ceux de nos anciens romanciers et d'un autre côté la croyance religieuse si longtemps accordée aux transformations magiques

(1) Rouen, 1841.

ont puissamment contribué, dans l'imagination des peintres et des sculpteurs, à
la production de ces énigmatiques et grotesques images qui se retrouvent non-seulement dans les monuments, mais encore dans
la plupart des édifices religieux du moyen-
âge. »

Enfin, il ne faut pas non plus oublier de
faire dans ces représentations singulières une
certaine part à ces fêtes des Fous, des Inno-
cents, voire même à ces *Goliards* dont parle
M. A. Canel (1).

Au xiiie siècle, dit M. A. Canel, on trouve
de fréquentes mentions des *Goliards* qui
appartenaient plus spécialement à l'ordre clé-
rical. Ils étaient alors la personnification des
mauvais prêtres et les rivaux des jongleurs
bouffons. Les statuts synodaux et les canons
de divers Conciles (Trèves, 1227. — Château-
Gontier, 1231. — Rodez, 1289), leur inter-
disaient de chanter dans les offices divins,
leur prescrivaient d'être tondus et même
rasés et infligeaient des peines rigoureuses

(2) *Recherches sur les Fous.* Paris 1873.

# XVI

# ROUEN

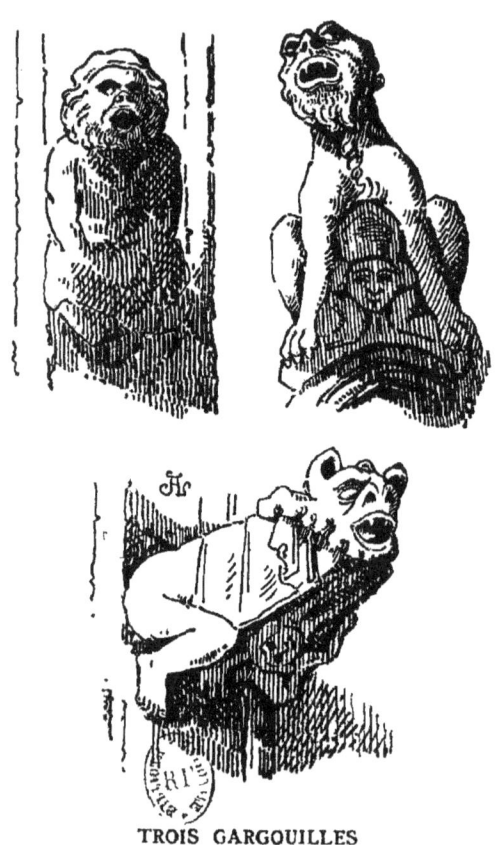

TROIS GARGOUILLES

(Eglise Saint-Ouen. — Abside et Portail des *Marmousets*.)

aux prêtres qui après trois avertissements auraient passé un an dans la *goliardise* ou *l'histrionnage* — *in goliardia vel in histrionatu* et, en 1336, défense était faite aux clercs d'être goliards, bouffons ou jongleurs.

Parmi les sujets des stalles de la Cathédrale, nous remarquerons, tout d'abord : — Deux hommes groupés à *bèchevet* — placés *tête-bèche*, dit-on encore vulgairement, lorsque les pieds de l'un sont près de la tête de l'autre, — d'une manière si bizarre que les pieds et la tête de chacun d'eux semblent appartenir indifféremment à l'un ou à l'autre. Cette combinaison plaisante se retrouve dans les bas-reliefs du *Portail des Libraires* et, nous l'avons déjà dit, sur une sculpture sur bois de la salle des Pas-Perdus du Palais de Justice. Ce n'est pas là le seul point de comparaison qu'il serait possible d'établir entre l'œuvre des stalles et les bas-reliefs du *Portail des Libraires,* a dit M. Deville, soit que les artistes des stalles se soient inspirés de ces compositions grotesques et originales qui jouissaient peut-être de quelque célébrité, soit que les mêmes traditions, à raison de leur popularité

agissant sur l'imagination et du huchier et du
maçon, aient fait sortir du ciseau respectif de
ces « ymaigiers » les mêmes représentations.

C'est ainsi que, outre le Samson terrassant
un lion qui existe également au Palais de
Justice, nous trouvons sur les stalles de la
Cathédrale et sur le *Portail des Libraires*, une
bizarre figure humaine avec des pieds d'oie,
la tête ceinte d'un tortil, tenant une fronde en
fléau brisé, et une rondelle bombée. Puis : une
femme chimère à corps de lion, les bras
ouverts et couverts d'une draperie ainsi que
la tête ; une chimère à torse humain et partie
inférieure d'oiseau pinçant de la harpe — cette
figure humaine rappelle l'Ane qui vielle, de
Notre-Dame-de-Chartres, de Saint-Georges-
de-Boscherville ; le Baudet harpant d'Holbein ;
une chimère drapée, Mélusine relevant sa
queue de serpent et portant de l'autre un miroir rond, les véritables figures de Mélusine
représentant cette fée enfoncée dans l'eau,
tenant un miroir et démêlant sa chevelure ;
une femme assise sur un lion ; une femme
chimère coiffée du voile et de la guimpe
tenant un écu et un objet brisé ; une chi-

# XVII

# DIEPPE

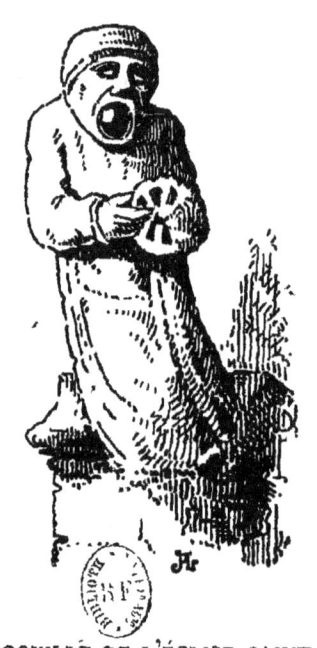

GARGOUILLE DE L'ÉGLISE SAINT-REMY

mère avec face humaine sur l'abdomen; et enfin : une jeune femme, les bras ouverts, paraissant vouloir couvrir de son voile ou manteau, un petit enfant debout.

Un autre sujet emprunté aux stalles d'une église des environs de Rouen,—Bourg-Achard (Eure), — pourrait, comme le fait remarquer Langlois, être classé dans les *obscena*. Nous avons rapproché de cette sculpture sur bois un motif emprunté à la salle des Pas-Perdus du Palais de Justice (**XXXV**) représentant un Singe dans une non moins singulière posture.

Ce sont là, évidemment, de ces sujets fort difficiles à reproduire; si jadis, disait Langlois, ils ne détournaient pas l'attention des fidèles, ils ne paraissaient pas du moins les scandaliser.

Nous regretterons, avec M. Champfleury, que notre excès de pudeur nous prive d'importantes connaissances à cet égard. L'auteur de l'*Histoire de la Caricature* nous apprend qu'un archéologue distingué, de Bordeaux (1), cache au fond de ses cartons

(1) M. Léo Drouyn, qui est de plus un aquafortiste émérite et a pris part fort honorablement à différents Salons de Paris.

de curieux spécimens de sculpture de ce genre — difficiles évidemment à mettre sous les yeux de tout le monde. Mais la pudeur du xix° siècle, laquelle est tout autre que la pudeur du xv°, nous fait juger tout différemment les choses aujourd'hui, parce que nous les jugeons maintenant avec la pruderie et la délicatesse que nous ont données sept ou huit siècles de civilisation (1).

En outre de l'Apocalypse, des Fables et des Apologues qui ont exercé le ciseau des imagiers — témoin la fable du *Renard et du Corbeau*, celle du *Loup et la Cigogne*, à Amiens. — les fabliaux ont été iconographiés au xiii° siècle.

« A cette époque, dit M. de Caumont (2), où l'on nourrissait son esprit de la lecture des romans de chevalerie, le sculpteur devait aller prendre là, pour les rendre plus populaires les allégories morales dont il décorait les édifices. » Et cet auteur cite le *Lai d'Aristote* sculpté sur plusieurs cathédrales : le sens

(1) Champfleury. *Hist. de la Caricature.*
(2) *A B C de l'Archéologie*, l'Architecture religieuse.

# XVIII

## DIEPPE

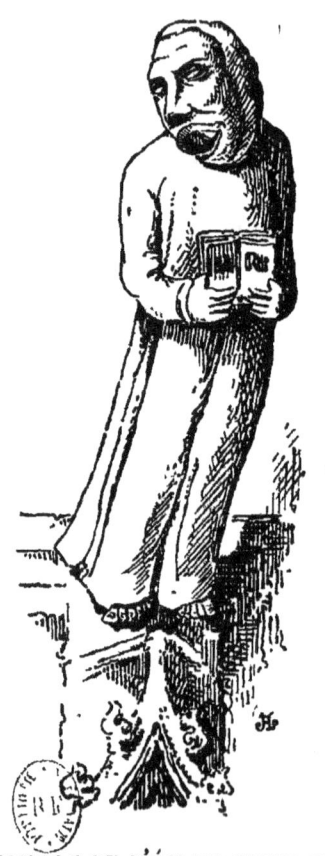

GARGOUILLE DE L'ÉGLISE SAINT-REMY

moral y est, dit-il, facile à découvrir : c'est que l'impureté rabaisse l'homme jusqu'à la brute. Le mot impureté est peut-être bien fort, mais « *femina est diabolus* » dit Origène.

Le *lai d'Aristote* est cependant une assez jolie chose, à notre humble avis du moins.

Les stalles de la Cathédrale, représentent Aristote chevelu et barbu, de grande et énorme taille et la petite femme microscopique coiffée de ce hennin à pointes recourbées d'une forme caractéristique, le corsage échancré et la gorge franchement découverte.

A une certaine époque on avait voulu voir dans ce sujet le sage Socrate, tracassé par l'acariâtre Xantippe (1). C'était un tort, et ce bas-relief représente Aristote le Sage amoureux fou d'une fort belle jeune fille, et se prêtant à sa fantaisie de la laisser chevaucher sur son dos, préalablement chargé d'une *selle de palefroy*, à seule fin d'être plus *honnestement assise*, dit le trouvère Henri d'Andely (2).

Le bas-relief, d'une fort belle exécution,

(1) E.-H. Langlois.
(2) Poëte du xiii<sup>e</sup> siècle.

emprunté au portail de la Calende, est placé à la base d'une statue; sa composition est bien plus conforme au récit du poète; car sur les stalles, la selle et le mors ne sont pas caractérisés comme sur celui que nous reproduisons (**XXXIX**). Il ne serait pas sans intérêt de rapprocher les diverses interprétations de ce sujet que l'on trouve à Saint-Pierre de Caen, à Lyon et au château de Gaillon, dans l'un des médaillons des pilastres de la façade conservée à l'Ecole des Beaux-Arts (1).

Il devait évidemment se trouver plus d'un artiste que devait séduire ce sujet et cette *damoiselle* réunissant tant de perfections. Peut-être même étaient-ils assez nombreux ceux qui excusèrent ce sage, ce philosophe, travaillant dès l'aurore, ce moraliste sévère, éperdu à la vue de cette *gente* demoiselle se promenant dans le *vergier* en *pure chemise*, dit le poète. Dialectique et élégie devaient s'effacer devant la beauté.

Mais si l'Amour entraîne un vieillard à de pareilles folies, dit Aristote surpris en flagrant

(1) M. de Guilhemy. *Revue de l'Architecture.*

# XIX

## DIEPPE

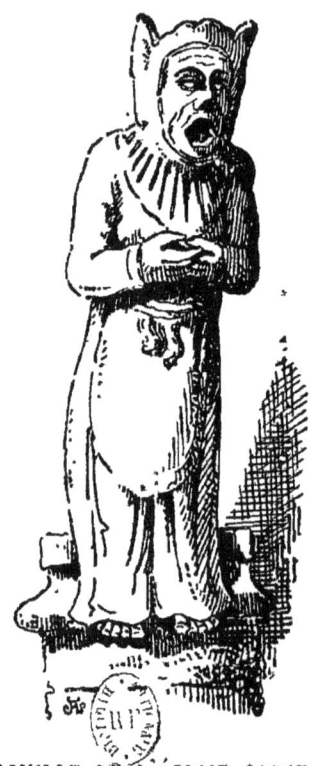

GARGOUILLE DE L'ÉGLISE SAINT-REMY.

7

délit par son maître, avec quel soin un
prince jeune et beau ne doit-il pas se garder
des passions!

Et quant à la morale du Trouvère :

> Veritez est et je lo di
> Qu'amours vaint tout et tôt vaincra
> Tant com li siècles durera

elle n'est pas encore usée, croyons-nous.

Au moment où ce volume est sous presse,
le *Lai d'Aristote* après avoir séduit les imay-
giers, ne vient-il pas de séduire de nouveau
poëtes et musicien.

Le dernier succès de l'Opéra-Comique, —
succès un peu éphémère peut-être, mais que
les dessins du caricaturiste *Stop* (1) ont cependant consacré — le *Char,* musique d'Emile
Pessard, poème de Paul Arêne et Alphonse
Daudet, vient de paraître avec cette épigraphe :

> O Sages, comme vous rampâtes!
> Campaspe est nue en son grenier
> Sur Aristote à quatre pattes.
> L'Esprit a l'Amour pour ânier.

VICTOR HUGO.

(1) *Journal amusant.*

et cette dédicace :

Au viel auteur du *Lai d'Aristote*
qui le premier osa
montrer le grave Stagyrite bridé par l'Amour
cette œuvre irrévérencieuse est dédiée.

P. A.            A. D.

# XX

# DIEPPE

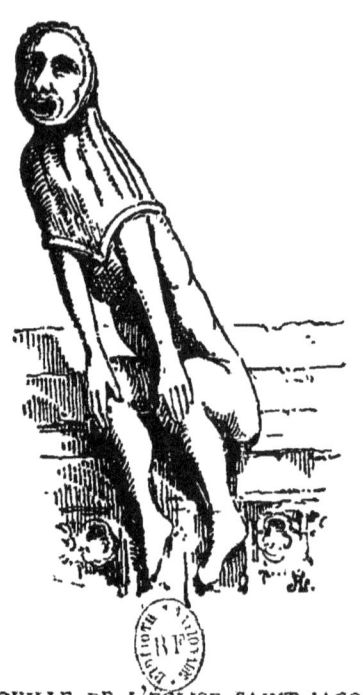

GARGOUILLE DE L'ÉGLISE SAINT-JACQUES.

# VI

Les bas-reliefs du portail des Libraires —
qui forment la plus grande partie de ce recueil — ont de tous temps excité une curiosité
bien légitime.

Si les touristes ont jeté, en passant, sur ces
énigmatiques sculptures plus d'un regard
rapide et parfois distrait, les archéologues et
tout spécialement E-H. Langlois les ont men-
tionnées à diverses reprises dans leurs ouvrages.

Le portail des Libraires date de la fin du
xiii⁰ siècle. Il a été exécuté du temps de l'ar-
chevêque Guillaume de Flavacourt et très-
probablement pas Jehan Davy, de 1280 à
1300. Il s'élève à l'extrémité du transept
nord de la Cathédrale et on y arrive par une
cour qui fut jadis occupée pendant des siècles
par des libraires, relieurs ou boursiers.

Cette cour est fermée par une porte du

xv° siècle dont les deux baies, en anse de panier, se terminent par une double galerie à jour. La gargouille (**XIV**) et le petit motif sculptural (**XI**) appartiennent à cet avant-corps, œuvre de maistre Guillaume Pontif (1464-1484) et forment une sorte de Jubé.

Le bâtiment servant aux cours de la Faculté de théologie, et les dépendances de l'ancien manoir épiscopal forment de chaque côté du portail, deux ébrasements décorés de statues. Parmi celles-ci se trouve la curieuse statue de Sainte-Geneviève (**XII**), restaurée d'après des fragments de l'époque.

Les soubassements des statues sont ornés d'une série de médaillons en bas-relief encadrés dans des quatrilobes jointifs. Les motifs représentés sont empruntés à l'Antiquité, aux Bestiaires, à la Bible et aux travaux des Mois, a dit M. l'abbé Cochet. (1)

M. de Caumont (2) prétend de son côté que les sujets de ces bas-reliefs sont, les uns empruntés à l'histoire sainte, et les autres à

---

(1) *Répert. Archéolog. de la Seine-Inférieure.*
(2) Joanne. *Itin. de France, Normandie.*

# XXI

## DIEPPE

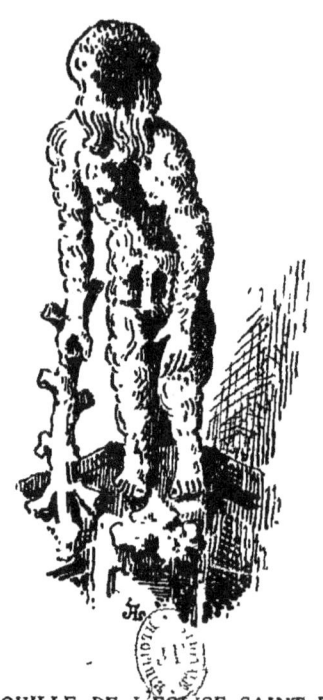

GARGOUILLE DE L'ÉGLISE SAINT-REMY.

.

des grotesques et des *obscena* ; quelques-uns
même semblent, dit-il, avoir été inspirés par
les métamorphoses d'Ovide.

L'auteur d'un Itinéraire de Rouen (1) —
fort intéressant et devenu rare — en renon-
çant à expliquer les innombrables sujets du
portail de la Calende et ceux encore plus
nombreux du portail des Libraires, se deman-
dait, à la vue de ces médaillons burlesques
empruntés aux fabliaux ou aux romans du
moyen-âge, quelle était l'interprétation à
donner aux figures grotesques et satyriques,
que l'on rencontre si souvent dans les sculptures des églises jusqu'au xvıᵉ siècle ?

« Comment, dit cet auteur — dont le *Biblio-
graphe Normand* de M. Ed. Frère ne nous
a pas révélé le nom, — comment tout cela
s'alliait-il, dans l'esprit de nos aïeux, avec les
images pieuses ? Et si c'était non des alliances,
mais des antithèses, quelle en était la signification ? Les artistes voulaient-ils représenter
le monde avec ses vanités et ses ridicules,
dominé, écrasé par les symboles religieux ?

(1) *Nouvel itinéraire*, Rouen, 1843.

Les francs-maçons qui, du xii<sup>e</sup> au xvi<sup>e</sup> siècle, bâtissaient les églises, voulaient-ils, en personnifiant les vices sous la figure de moines, faire la satire du luxe, de la fainéantise et de la licence des religieux, comme par représailles contre les procédés de l'architecture sacerdotale du xi<sup>e</sup> siècle qui avait tant de fois fait grimacer des figures de serfs sous ces chapitaux grotesques? Ces questions, tant de fois posées, ne paraissent pas avoir encore de solution satisfaisante.

« Peut-être est-il plus naturel de penser que les caricatures sculptées sur les murs de nos églises ou représentées sur leurs verrières, dérivent des mêmes idées qui, parmi les cérémonies du culte, avaient introduit au moyen-âge, la fête des Fous, celle de l'abbé des Cornards, celle de l'Ane, les mascarades, les mystères mêlés de farces, tant de profanations, en un mot, dont une piété plus rigide n'obtint qu'à grand peine, et bien lentement, ' l'abolition et la réforme. Désespérant de pouvoir comprimer tous les instincts de l'homme, le clergé avait voulu, en leur donnant un aliment, se les rattacher, et il avait fait de

# XXII

# DIEPPE

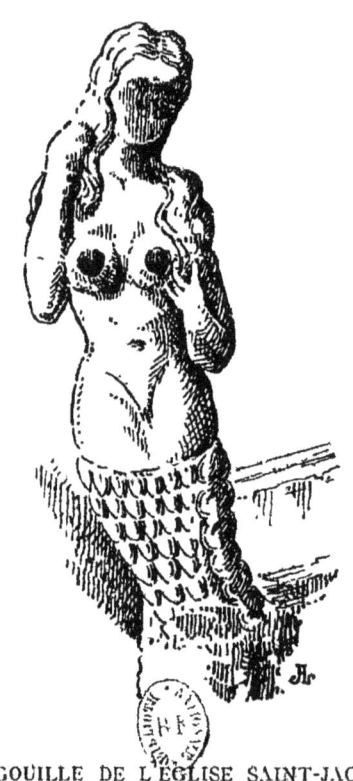

GARGOUILLE DE L'ÉGLISE SAINT-JACQUES.

l'Eglise le centre où toutes les choses venaient aboutir : immense synthèse qui devait réunir tous les contrastes, puisqu'elle se proposait d'embrasser, par chacun de ses côtés si divers, l'esprit humain tout entier.

« Le Drame, la Satire, la Caricature, l'Ode, les Arts du Dessin, la Musique, tout ce qui frappe les sens ou l'intelligence, il se l'était approprié, et reportant à Dieu et à lui-même toutes les créations, tous les plaisirs, tous les besoins de la nature humaine, il l'avait ainsi circonvenu de toutes parts.

« En offrant satisfaction à tous les goûts du peuple, le catholicisme ne pouvait manquer d'être populaire. Et voilà comme, après les plus majestueuses cérémonies, il ouvrait ses temples à la représentation des farces les plus grossières. Voilà comme, au-dessous de ses symboles les plus sublimes, il faisait représenter des scènes grotesques et satiriques. »

Ces lignes sont évidemment à rapprocher d'un passage du *Dictionnaire d'Architecture* de Viollet-le-Duc qui, à propos précisément de ces animaux réels ou fabuleux, signale aussi cette tendance à une sorte d'illustration encyclopédique sculptée — gravée — sur pierre.

C'est au moment de l'épanouissement de l'Ecole laïque, dit Viollet-le-Duc, que les animaux si fréquents dans l'ornementation romane, délaissés à la fin du xii⁰ siècle, reparaissent dans la décoration *extérieure* des édifices.

« Pourquoi ces animaux, dira-t-on? Parce que les tendances de l'Ecole laïque, qui éleva ces monuments étaient une sorte de *Cosmos,* véritable résumé de l'Univers. On y retrouve encore la trace appréciable du panthéisme des Aryas, le Bestiaire mélangé des fables de Pline, des opinions de la dernière antiquité païenne laissent percer les traditions locales. Les évêques permettaient, jusqu'à un certain point, à *l'extérieur* des édifices religieux, la représentation de ces mythes appropriés à l'idée chrétienne, tel que ce Phénix décrit par les anciens renaissant de ses cendres, symbolisant également Jésus-Christ ressuscitant, et dans le mythe il n'est pas difficile de reconnaître l'*Agni des Vedas.*

» Les sculpteurs du xiii⁰ siècle dans ce

# XXIII

## DIEPPE

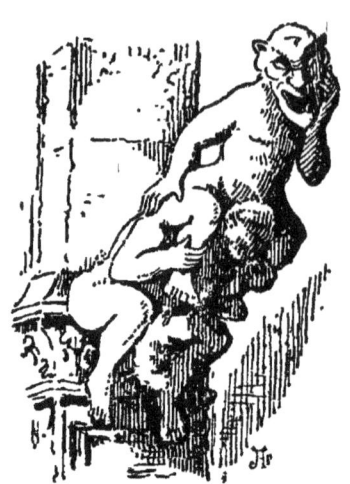

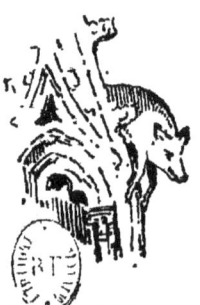

GARGOUILLE ET MOTIF DE SCULPTURE DE L'ÉGLISE
SAINT-JACQUES.

8

‹monde d'animaux réels et fantastiques comme on en trouve aux extérieurs de Notre-Dame de Paris, d'Amiens et de Reims, ont produit en ce genre des œuvres d'une incontestable valeur, poussant l'étude de la nature aussi loin que possible dans le détail de rendu d'êtres qui n'existent pas. »

La fameuse Truie, jouant de la vielle à archet (LVIII) est un des motifs les mieux éxécutés parmi cette nombreuse série de bas-reliefs du portail des Libraires qui compte plus d'un chef-d'œuvre. Ce bas-relief a été reproduit (d'après une photographie) et gravé à l'eau forte par F. Hillemacher, dans *les instruments à archet* de M. A. Vidal, et cet auteur a remarqué que l'instrument et la position des doigts étaient assez précis. Note précieuse, pour une sculpture du xiii⁰ siècle et qui prouve que les artistes de ce temps-là savaient rendre exactement ce qu'ils voulaient... même en laissant place à l'imagination et alors même qu'ils inventaient les monstres les plus baroques.

« En outre de ces combinaisons monstrueuses, des animaux réels ou fabuleux, tels

que le Lion symbolisant la vigilance, le cou-
rage (1) l'Antula (cruauté), l'Oiseau Caladre
(pureté), la Sirène, le Pélican (charité), l'As-
pic (gardien des baumes précieux, résistant au
sommeil), la Chouette, le Guivre, le Phénix,
le Basilic (personnification du diable), se trouvent abondamment au xii^e et xiii^e siècles. Au
xiv^e siècle ils disparaissent dans l'ornementation pour reparaître abondamment au xv^e et
au commencement du xvi^e siècle. Les représentations des fabliaux deviennent alors plus
fréquentes, fort peu décentes parfois. La satire remplace les traditions et les croyances
populaires; les artistes abusent de ces détails
et couvrent leurs édifices *sans motif ni raison* jusqu'au moment où la Renaissance vient
balayer tous ces *jeux d'esprit usés,* pour y
substituer ses propres égarements. »

Cette dernière phrase à l'adresse de la
Renaissance est peut-être un peu dure, mais
on ne peut être du goût de tout le monde; et
M. Viollet-le-Duc professe pour le moyen-
âge un tel amour, qu'on peut lui pardonner

(1) Viollet-le-Duc. *Dict. d'Arch'tec'ure.* T. I.

# XXIV

## ROUEN

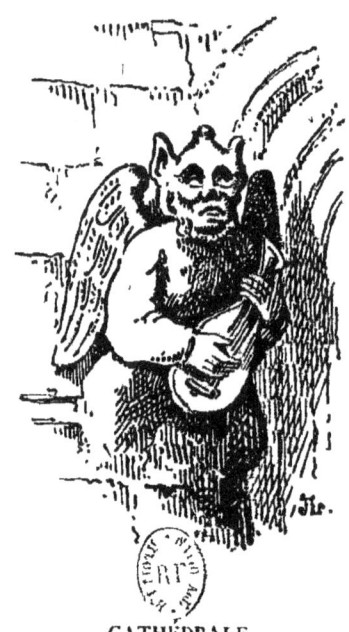

CATHÉDRALE

(Chapelle de la Vierge.)

ce qu'on ne saurait même excuser chez
d'autres.

On disserterait pendant des années sur ces
monstres, sans épuiser les documents à consulter, les citations à faire et les preuves que
chacun interprète au gré de ses désirs, malgré
l'admonestation de Saint-Bernard que nous
avons reproduite plus haut, laquelle est cependant *d'une clarté à désespérer les ergoteurs*,
a dit M. Champfleury.

L'abbé de Clairvaux ne voyait dans ces
sculptures que ce qui s'y trouvait, c'est-à-dire
des caprices *sans utilité* pour les esprits véri-
tablement pieux, et son attestation, ainsi que
celle de saint Nil, prouve qu'une certaine indépendance était laissée aux tailleurs de pierre.
Si cela paraît tout simple et admissible à
quelques-uns, tout le monde n'est pas de cet
avis, et entre autres et par dessus tous, les
auteurs des *Mélanges d'Archéologie*.

Ces Mélanges d'Archéologie, édités il y
plus de vingt ans, ont eu tout récemment une
nouvelle série et, chose singulière, ces ouvrages qui, — il serait injuste de le méconnaître — sont ceux de véritables savants, ces

ouvrages dus à deux Pères de la Compagnie de Jésus, pour lesquels la signification chrétienne des figures prime tout autre aspect, ces ouvrages étaient, paraît-il, assez mal vus par les supérieurs de cet ordre. C'est ce qui résulte en effet d'une fort curieuse anecdote que raconte M. A. Darcel (1) Les g...ueux ne nous donnent pas un sou, répondait en souriant le P. Martin à M. Darcel qui, — suivant lui ou le symbolisme n'était qu'un mot — se figurait que le motif ornant le titre de leurs volumes, vignette empruntée à la Bible de Charles le Chauve et représentant deux oiseaux noirs, posés sur le bord d'un cylix assez profond, n'avait d'autre signification que celle-ci : Les RR. PP. A. Martin et Cahier, puisant dans la caisse des Jésuites.

Il n'en était rien, et ces ouvrages, d'un véritable intérêt scientifique, étaient édités aux frais des auteurs. Il y aurait vraiment eu de quoi dégoûter d'autres travailleurs de leurs recherches, — car Dieu sait ce qu'il en fallut faire pour publier de semblables volumes; —

---

(1) *Gaz. des Beaux-Arts.* Fev. 1876.

# XXV

# CAUDEBEC-LÈS-ELBEUF

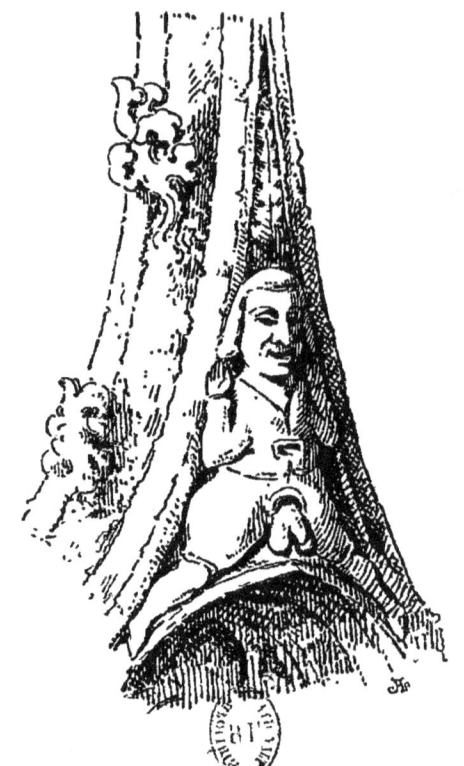

FRAGMENT DE SCULPTURE PROVENANT DE
L'ANCIENNE ÉGLISE.

mais il faut leur rendre justice, les PP. Martin et Cahier étaient des piocheurs infatigables, ce qu'ils ont accumulé de notes, de dessins, de gravures, — car l'un d'eux dessinait et gravait lui-même à l'eau-forte, ses dessins, — cela est incalculable. On peut, évidemment, ne pas partager des idées symboliques parfois un peu exclusives ; on ne peut méconnaître la valeur scientifique de ces publications.

Une des questions traitées dans l'un de ces volumes se rattache tout naturellement à notre sujet, c'est celle des *Bestiaires*, et « l'origine des faits de zoologie mystique qui inspirèrent l'art au moyen-âge, remonte aux premiers temps de l'Eglise.

« Le Bestiaire, c'est une objection du P. Cahier lui-même, — serait une sorte de peste pour le symbolisme chrétien. Il est parfaitement vrai qu'il n'est pas de symbolisme qui ne puisse être tourné en abus par des esprits exagérés, lorsque manque le lest du bon sens.

» Le Bestiaire Arménien moralisé, sur lequel le P. Cahier s'étend longuement

examine et décrit les mœurs de tous les animaux. Il démontre comment les uns *excellent*
par leur analogie avec les êtres célestes et
comment les autres sont *avilis* par leur ressemblance avec les esprits infernaux.

On examine en effet dans cette curieuse
analyse du Bestiaire : Le Lion, l'Hydroppe,
la Scie, le Charatrius (espèce de hibou),
le Pélican, le Hibou, l'Aigle; etc., etc., sans
oublier la Tortue à bouclier, qui engloutit
les petits poissons, — les incrédules, — atti-
rés par son parfum; le Vautour qui facilite
sa ponte par une pierre merveilleuse, la Per-
drix, le Fourmilion, la Belette, l'Enhydrion
pareil au crocodile; la Licorne qui vient se
jeter dans le giron de la Vierge, tel le Verbe se
faisant chair habita parmi nous; le Castor,
dont les membres cachés servent de remède,
aussi le trouve-t-on dans le palais des rois:
l'Ichneumon, le dépisteur ennemi du dragon
se couvrant la bouche avec sa queue dans la
lutte, tel le Sauveur fait homme se couvrant
d'un corps formé de la terre. Le Périxède,
— image du Père Éternel, — ses fruits nour-
rissent les colombes, ⚌ car ce sont la sagesse

## XXVI

## CAUDEBEC-LÈS-ELBEUF

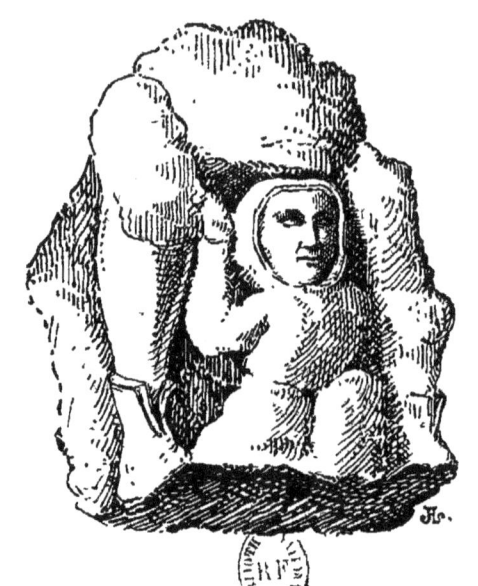

FRAGMENT DE GARGOUILLE DE L'ANCIENNE
ÉGLISE.

du Saint-Esprit, — mais les dragons l'évitent ;
le Corbeau, la Tourterelle qui lorsqu'elle a
perdu son compagnon se plaît dans la soli-
tude, — l'hirondelle qui ne pond qu'une seule
fois comme Jésus-Christ n'est né, n'a été cru-
cifié, n'est ressuscité qu'une fois, comme il n'y
a qu'un Dieu, qu'une foi, qu'un baptême et
qu'un père. — le Cerf ennemi du serpent
comme Jésus-Christ a tué le démon. — Le
Gérahav — Dieu, regardant ses enfants du haut
du ciel, — comme cet oiseau actif demeurant à
fleur d'eau pour couver ses gros œufs déposés
au fond de la mer.

L'Abeille et le Tigre terminent cette longue
nomenclature qui comprend également entre
autres symboles plus intelligibles : le Pélican versant son sang sur ses petits pour les
ressusciter ; le Hibou qui aime la nuit plus que
le jour, l'Aigle qui, devenu vieux, aveugle se
baigne dans les sources et devient aiglon ; le
Phénix image du Christ venu du ciel comme
l'aigle rajeuni est le symbole de l'homme rajeuni parce qu'il s'est plongé dans la source
éternelle de Vérité.

Le Vanneau, le Porc-épic ou Hérisson, l'O-

nagre, la Vipère, le Serpent, la Fourmi, autant
de symboles plus ou moins évidents que le
P. Cahier discute et explique.

L'on ne peut mettre en doute que de semblables recueils aient servi de thème à maintes
sculptures.

Mais les bas-reliefs, du portail des Libraires ont été conçus par leurs auteurs dans
un tout autre ordre d'idées.

Il n'y a que fort peu de bas-reliefs, —
représentant des sirènes et des harpies, — auxquels se puissent appliquer ces quelques lignes
du *Bestiaire*.

Quant aux sirènes, — sirènes, harpies, c'est
tout un, dit le P. Cahier, — elles symbolisaient
la mort cruelle, elles attiraient les voyageurs par
leurs chants mélodieux. Femmes jusqu'aux ma-
melles le reste de leur corps tenait des oiseaux,
de l'âne, du taureau. — Adjonction curieuse
dù aux textes qui parle des *onocentauri* ou
*onotauri* et ne parle pas d'une queue de poissons, nous savons du reste, dit le P. Cahier,
que les Sirènes symbolisaient les désirs de la
chair et la perte de qui s'y laisse entraîner.

Dans un de ces charmants volumes, André

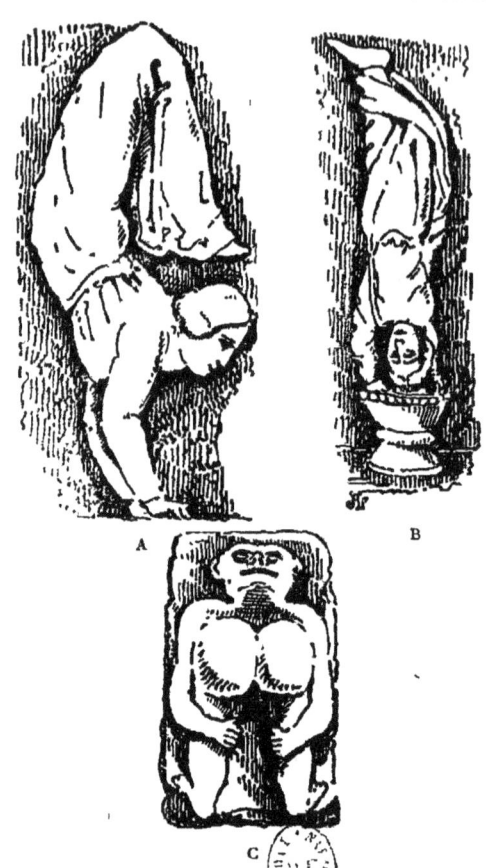

A. BAS-RELIEF D'UN PORTAIL DE LA CATHÉDRALE.

B. C. FRAGMENT DE CHAPITEAU ET CORBEAU DE L'ABBAYE.

9

Lemoine a fort poétiquement décrit les Sirènes.

> Quel est donc le secret de vos enchantements.
> O filles de la mer ardemment désirées ?

A-t-il dit dans son joli poëme des *Charmeuses.*

> Oui jeunes amoureux vous saurez qui nous sommes
> Sous notre beau sein nu, notre cœur est absent.
> Vous n'y trouveriez pas une goutte de sang.
> Autrefois nous avons vécu parmi les hommes.
>
> Nous fûmes autrefois des martyres d'amour.
> On a dû vous parler de ces vierges trompées
> Nombreuses légions de l'abîme échappées
> Sur mer apparaissant vers le déclin du jour :
>
> Pour avoir bu le fond de la souffrance humaine.
> Nous voyons aujourd'hui froidement les douleurs
> Nous avons tant pleuré que nous rions des pleurs
> Des pauvres soupirants que le flot nous amène.

Faut-il l'avouer, ces explications poétiques
nous paraissent infiniment préférables à celles
passablement peu claires de bien des auteurs.

Il est évident que nous comprenons fort bien
en humble et simple prose que le Renard fin
et rusé devient un symbole facilement appli-
cable.

Mais que dire de cette tirade sur la Panthère : La Panthère, dit le *Bestiaire* arménien, chérie de tous les animaux, détestée de tous les serpents, *bigarrée comme la robe de Joseph,* attire les bêtes voisines par son souffle odoriférant, comme le Christ ressuscité fit sentir un doux parfum à ceux qui étaient près de lui et à ceux qui étaient éloignés. « La paix, la sagesse, la benignité et la patience de N.-S. sont riches en vanité, comme l'est la Panthère au dire du moraliste. »

Nous trouvons que c'est là de la prose trop poétique, des idées trop raffinées, trop cherchées et, chaque fois qu'un sculpteur, qu'un *ymaigier* du moyen-âge a représenté un animal avec un parti pris plus ou moins allégorique, plus ou moins réaliste, il ne devait pas selon nous se préoccuper tant que cela de ces belles théories explicatives faites après coup.

# ROUEN

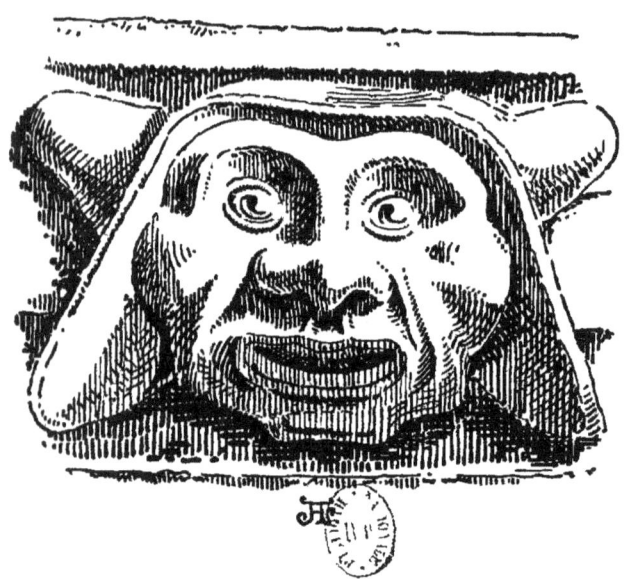

SCULPTURE SUR BOIS

(Palais de Justice. — Salle des Pas-Perdus.)

# VII

A propos de ces bas-reliefs du portail des
Libraires on a parlé également des *Métamorphoses d'Ovide* : Aucun ouvrage n'offre en
effet plus de motifs d'illustrations. Comme à
cette époque on sculptait sur des monuments,
on gravait sur pierre de même qu'aujourd'hui
nous dessinons et gravons sur bois, et que fort
souvent les meilleures illustrations sont celles
dont les dessinateurs ont choisi eux-mêmes
leurs sujets et non ceux qui leurs sont imposés ;
il n'est pas impossible que les métamorphoses
d'Ovide aient séduit les imagiers et la perfection de certains bas-reliefs indique suffisamment, à notre avis, que ces motifs étaient de
leur goût.

Les Sirènes converties en oiseaux (Liv. v.
Fab. viii et ix), les métamorphoses de Progné
en hirondelle, de Philomèle en rossignol, et
de Térée en Hupe (Liv. vi. fab. x). La chute

d'Icare, — dépouillé de ses ailes, de Dédale précipité du haut du temple de Minerve; la métamorphose des Cercopes en animaux difformes, Apollon donnant à Midas des oreilles grossières qu'il allonge et couvre d'un poil gris, etc., etc. Il y a évidemment là, cent motifs pour un de sujets dont l'interprétation plus ou moins exacte peut facilement donner naissance à des bas-reliefs semblables à quelques-uns de ceux du portail des Libraires.

Les *Vices et les Vertus* ont également inspiré de nombreuses sculptures, de même que les signes du Zodiaque et on voit souvent la représentation des travaux agricoles des douze mois de l'année sur plus d'un portail de cathédrale.

# ROUEN

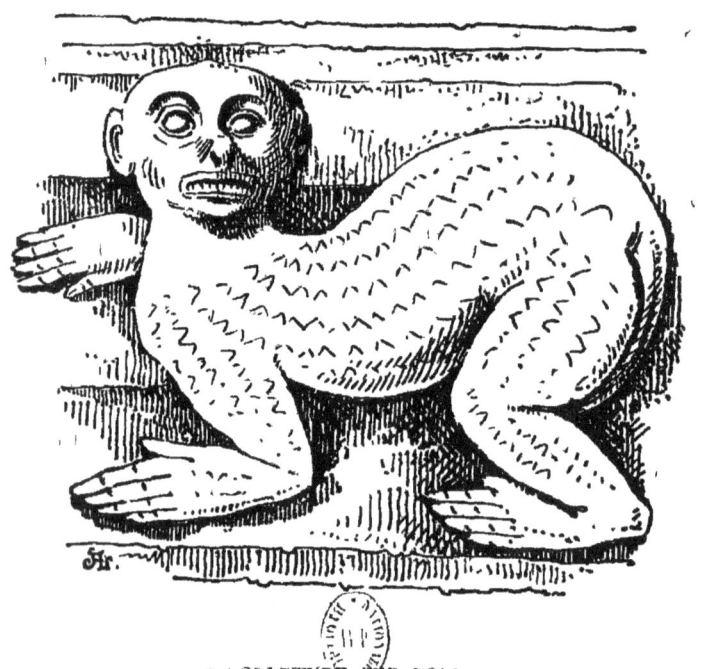

SCULPTURE SUR BOIS

(Palais de Justice. — Salle des Pas-Perdus.)

## VIII

Enfin il ne faut pas oublier non plus ce que dit Th. Wright (1).

Nos ancêtres ont toujours eu un goût prononcé par les monstruosités de toute sorte, pour les amalgames d'animaux de différentes espèces et pour les composés d'hommes et d'animaux. Il y eut aussi, dit le même auteur, des caricatures de costume, tels seraient des figures simplement présentées, encadrées dans une rosace, par exemple les deux médaillons sculptés sur bois empruntés à la porte des Libraires.

Viennent ensuite les scènes de plusieurs personnages, représentant des mimes, des lutteurs, des jongleurs ou des danseurs.

Les mimes dansaient et chantaient, racontant de joyeuses histoires. Le jongleur du moyen-

(1) *Hist. de la Caricature.*

âge réunissait toutes les attributions du mime romain. Souvent il était poëte, et il y eut aussi des femmes jongleurs.

Au moyen-âge les jongleurs ou ménestrels formaient une classe nombreuse quoique infime et méprisée. Les fabliaux récités par ces jongleurs ont servi de thème a des sculpteurs, nous l'avons déjà vu, et les œuvres des Trouvères ont eu ainsi leur édition monumentale illustrée, mais parfois aussi les sculpteurs ont reproduit les artistes eux-mêmes se livrant à leurs jeux.

A côté de ces scènes de lutteurs et de mimes il y a place aussi pour des scènes intimes empruntées à la vie réelle et contemporaine des artistes, tels sont par exemple ces bas-reliefs du portail de la Calende représentant un groupe d'hommes cherchant à s'emparer de vive force de draperies suspendues à une sorte d'étalage, et cette lutte entre deux hommes dont l'un essaye d'un geste énergique de reprendre à l'autre un coffre que celui-ci emporte sur son épaule.

# XXX

# ROUEN

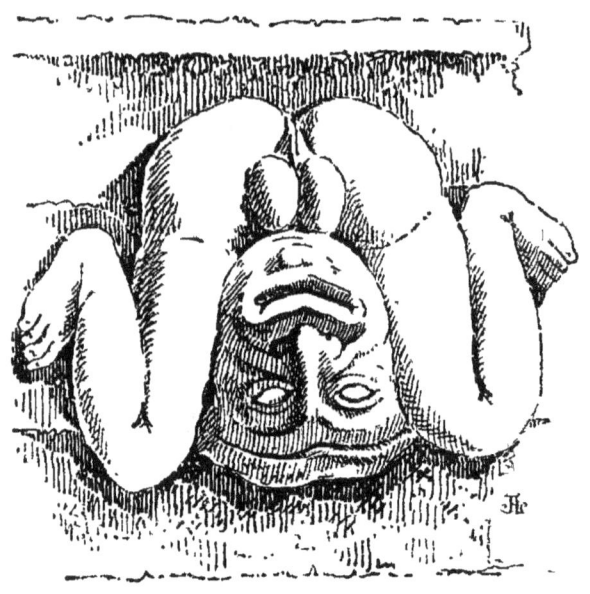

SCULPTURE SUR BOIS

(Palais d' Justice. — Salle des *Pas-Perdus*.)

## IX

On a eu longtemps la manie, — la mode de chercher des intentions cachées sous les formes extérieures : c'est ainsi que la langue tirée symbolisait la luxure ; un moine buvant dans une cave, l'ivrognerie. Selon M. l'abbé Filleau (1) tous ces monstres grotesques, ces figures grimaçantes qui décorent les façades des monuments religieux étaient la personnifications des vices vaincus par les vertus.

Mais il ne faut pas oublier que la caricature et le burlesque sont naturellement destinés à attirer l'attention du public ; aussi les faisait-on figurer sur les monuments les plus exposés aux regards du peuple. Tel a été surtout le cas dans les premiers temps du moyen-âge pour les édifices ecclésiastiques, et cela explique

(3) *Bullet. Monument.*, t. VI. •

comment ils sont devenus le grand réceptacle
de ce genre d'œuvres d'art (1).

Le penchant de donner aux démons des
formes monstrueuses, qui tournaient au grotesque était naturel, car la laideur était un des
caractères essentiels des démons. D'ailleurs,
dit M. Th. Wright, au lieu de regarder les personnages des superstitions populaires comme
des êtres fabuleux, le clergé chrétien enseigna
qu'ils étaient tous des créatures diaboliques
et autant d'agents de l'Esprit du Mal occupés
à tenter les hommes.

Les physionomies burlesques qu'on trouve
répandues dans l'ornementation architecturale
des anciens édifices religieux sont très-nom-
breuses et l'auteur de cette *Histoire de la Caricature et du Grotesque* à laquelle nous avons
fait de nombreux emprunts n'a pas même
essayé d'en donner une classification détaillée.
Le même auteur prétend que cette décoration
était calculée pour produire son effet sur les
classes inférieures et moyennes, et que les
extrémités de serpents et de dragons et les

(1) Th. Wright. *Hist. de la Caricature.*

# XXXI

# ROUEN

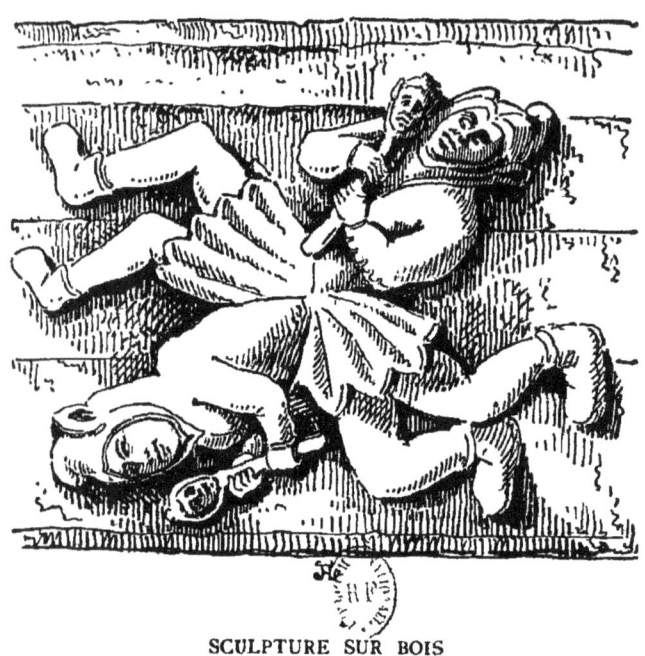

SCULPTURE SUR BOIS

(Palais de Justice. — Salle des Pas-Perdus.)

replis de reptiles forment parfois une ornementation d'une grande hardiesse et d'un effet
puissant.

On a trouvé que le cochon moitié homme
qui joue du violon dont nous avons déjà
parlé (1), et quantité d'autres sujets n'étaient
que des *sujets plus ou moins ridicules* (2).

Nous ne relèverons point cette appréciation
plus que singulière, les caricatures du pour-
ceau jouant du violon — il en existe un à la
cathédrale de Winchester — pourraient bien
être une satire de l'intempérance qui aurait été
alors le trait caractéristique des ménestrels. —
Les bas-reliefs singuliers, les Centaures, les
Syrènes, les Chimères, les Harpies forment
évidemment une légion de monstres des plus
recommandables, mais il ne faut pas perdre
de vue que, d'un côté le goût prédominant du
moyen-âge pour les animaux monstrueux,
— et l'on sait que le monstrueux touche de
près au grotesque — et de l'autre les méprises
que les sculpteurs de cette époque ont fait et
dû nécessairement faire dans les attributions

(1) V. p. 93.
(2) Gilbert, *Descript. de la Cathédrale.* Rouen, 1816.

et transformations, ont rendu un grand nombre de sujets extrêmement confus et presque inexplicables.

Une Symbolique confuse mêlée à quelques caprices de leur imagination, telle dut être, selon M. Champfleury, la règle de ces humbles sculpteurs; règle très-vraisemblable que les *symbolisateurs à outrance* perdent trop souvent de vue, à notre avis.

## XXXII

# ROUEN

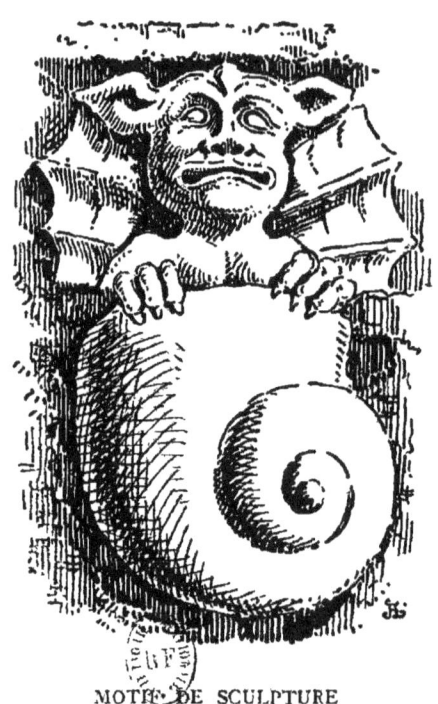

MOTIF DE SCULPTURE

(Palais de Justice. — Salle des *Pas-Perdus*.)

# X

En commençant son histoire de la Symbolique chrétienne, le domaine des faits est tellement vaste, disait M. Didron (1), la carrière
des idées tellement immense qu'en commençant à défricher cette Symbolique du moyen-
âge nous ne savons pas quand nous finirons,
— si nous avons le bonheur de finir jamais.
Puis il ajoutait : l'Archéologie chrétienne
est à peu près stérile à l'égard de la Symbolique inexploitée ou cultivée par des esprits
nuageux; la Symbolique est jonchée de pierres
et couverte de ronces. Nous ne nions pas le
symbolisme, mais nous ne l'admettons que
lorsqu'il sera dûment constaté.

Quatre ans plus tard, M. l'abbé Crosnier (2)
publiait son étude sur l'Iconographie chré-

(1) *Ann. Archéolog.* Tome I. 1844.
(2) *Bulletin monumental.* 1848. T. XIV.

tienne. Tout d'abord il maltraitait bien un peu le pauvre xvi⁰ siècle au détriment des siècles précédents.

« Dès le xiv⁰ siècle, disait-il, la pensée humaine voulait déjà se substituer à la pensée divine ; l'Evangile était d'une sublimité trop simple, les artistes entreprirent de l'enrichir des caprices de leur imagination.

« C'est à la même époque que l'on voit cette multitude de singes et de figures grimaçantes dont il est difficile d'expliquer le motif, tantôt en culs de lampes et en porte à faux. »

Le xvi⁰ siècle, que le même auteur traite volontiers de dévergondé, fait selon lui succéder le cahos à l'ordre admirable, voulant se débarrasser de la foi pour ne conserver que le génie, mais le génie ne fut plus qu'un cadavre infect ! La vertu, dit M. l'abbé Crosnier, symbolisée par des formes sensuelles, présentait tout ce que le vice a de plus dégoûtant, et des anges charnus semblaient placés à dessein de faire rougir les petits satyres qu'on leur donnait pour voisins.

« Les admirateurs de cette *prétendue* Renaissance — il nous semble cependant assez

# XXXIII

# ROUEN

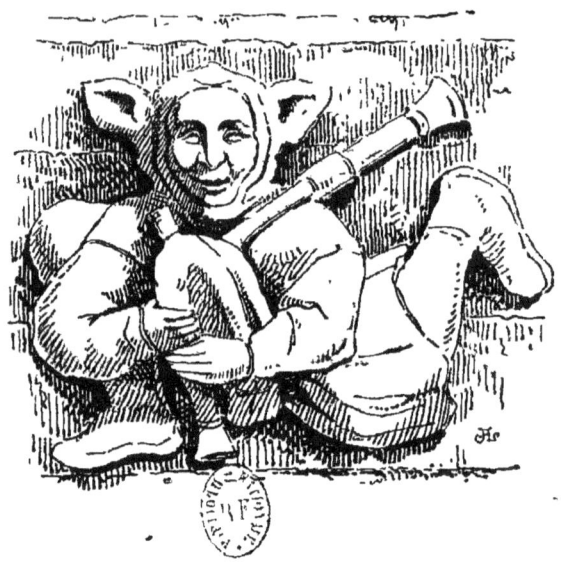

SCULPTURE SUR BOIS

(Palais de Justice. — Salle des *Pas-Perdus*.)

difficile d'en nier l'existence si on ne l'admire
pas, ce que nous ne comprenons guère — nous
objecterons les nudités et ce qu'ils appellent
les obscénités des siècles de foi. Nous leur
répondrons, continue M. l'abbé Crosnier, que
nos sculpteurs ne cherchaient qu'à inspirer
l'horreur du vice en le montrant dans toute
sa laideur et que les œuvres de la Renaissance
ne sont que l'expression trop fidèle de la cor-
ruption qui régnait alors : Les uns présentaient
l'image du vice pour en dégoûter, les autres
pour constater son empire. »

Cette apostrophe au xvi^e siècle est bien un
peu violente ; mais il y a des gens qui n'aiment
pas la Renaissance, paraît-il, et nous l'avons
déjà vu. Dans son vocabulaire des attributs
et symboles à propos des animaux hybrides à
tête humaine sur un corps d'oiseau, de quadrupède, de dragon, etc., etc., il ne faut pas
toujours chercher des symboles dans ces *figures*, a dit M. l'abbé Crosnier ; mais lorsqu'on
les rencontre dans des pays différents, qu'elles
paraissent copiées les unes sur les autres, il
est difficile de ne pas y reconnaître une pensée cachée ; le caprice ne s'allie pas avec l'uni-

formité. Cependant, dans ce préambule, il faut reconnaître que cet auteur fait preuve d'une grande modération et que plus d'un symbolisateur à outrance a dépassé de beaucoup ces prudentes théories.

« Nous ne saurions nous dissimuler, dit-il, les difficultés que présente l'étude des animaux réels et fantastiques, que les deux dernières époques de la période romano-bysantine ont admis quelquefois avec tant de profusion dans l'ornementation de nos édifices religieux, et que la période ogivale a adopté à son tour. Jusqu'à présent, on a osé à peine aborder cette partie de notre iconographie sacrée.

« Ces formes d'animaux, ces figures bizarres accrochées aux chapiteaux, encadrées dans les modillons du portail, s'allongeant en médaillons ou suspendus en pendentifs ne seront-elles à nos yeux que de capricieux produits de l'imagination des artistes et de pures fantaisies qu'on tenterait vainement d'expliquer; ou bien devons-nous admettre ici un sens caché et reconnaître de nouveaux symboles? Nous n'avons pas la prétention de résoudre la question; un jour viendra sans doute où cette

# XXXIV

# ROUEN

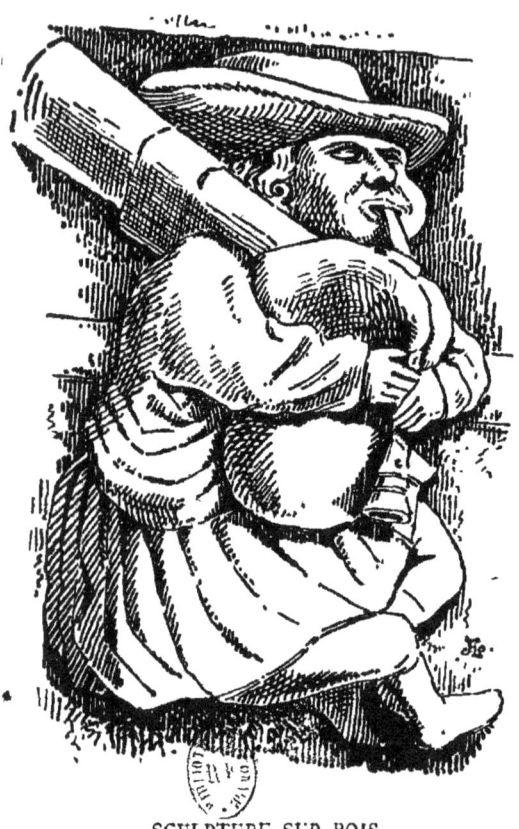

SCULPTURE SUR BOIS

(Palais de Justice. – Salle des Pas-Perdus.)

branche intéressante des hiéroglyphes du moyen-âge aura aussi son explication, mais attendons qu'une main habile ait soulevé le voile. »

Telles étaient en 1848 les propres expressions de M. l'abbé Crosnier qui exposait ensuite quelques-unes de ses observations, s'autorisant, disait-il, du symbolisme des siècles de foi, mais évitant de se jeter dans un système exclusive, car c'est le moyen de ne pas trop s'écarter de la vérité.

Il y a trente ans que M. l'abbé Crosnier écrivait ces lignes : un grand nombre d'ouvrages a paru depuis, mais parmi ces travaux combien sont peu nombreux ceux qui nous fournissent des explications vraisemblables, combien sont abondants au contraire ceux dont le point de départ systématique ne leur permet pas davantage d'expliquer clairement ce symbolisme de moyen-âge.

## XI

Dans un résumé rapide de l'historique de la construction de nos édifices religieux, Victor Hugo, dans un chapitre de *Notre-Dame de Paris*, retrace, dans un style superbe, les causes qui donnèrent naissance à ces étranges sculptures.

« A la période orageuse des Jacqueries, des Pragueries et des Ligues, dit Victor Hugo, l'autorité s'ébranle, l'unité se bifurque. Ce n'est plus comme au temps de Grégoire VII l'unité, l'impénétrable, l'absolu, partout le prêtre, jamais l'homme. . . . . . . . .

« La cathédrale, cet édifice dogmatique échappe au prêtre et tombe au pouvoir de l'artiste. L'artiste bâtit à sa guise. Adieu le mystère, le mythe, la loi. Voici la *Fantaisie* et le *Caprice*, pourvu que le prêtre ait sa basilique et son autel il n'a rien à dire, les quatre murs appartiennent à l'artiste. Le livre

# XXXV

# ROUEN. — BOURG-ACHARD (Eure).

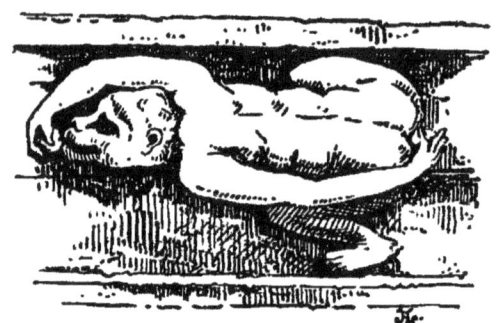

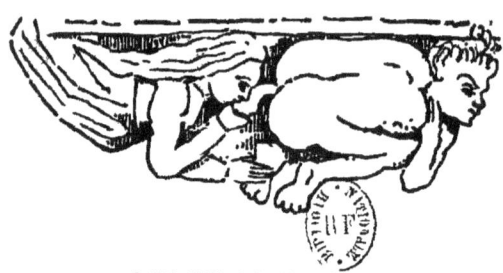

**SCULPTURES SUR BOIS**

(Palais de Justice. — Salle des *Pas-Perdus* et stalle de l'église du
Bourg–Achard.)

11

architectural n'appartient plus au sacerdoce, à la religion, à Rome; il est à l'imagination, à la poésie, au peuple.

« Le génie et l'originalité populaires font la besogne que fesaient les évêques... c'est tout au plus si l'on voit encore le dogme percer çà et là sous le nouveau symbole qu'on y dépose.

« On ne saurait se faire une idée des licences que prennent alors les architectes envers l'Église.

« C'est un moine bachique à oreilles d'âne et le verre en main, riant au nez de toute une communauté, comme sur le lavabo de l'abbaye de Boscherville. »

Interrompons ici le poète, cette figure bachique, que cette citation sauvera désormais de l'oubli, provient de l'abbaye de Saint-Wandrille et est reproduite d'après une gravure au trait de E.-H. Langlois. C'est par cette figure grotesque que nous terminons notre recueil, car cet éclat de rire, s'étalant en plein cloître, justifie bien, selon nous, cette idée que la pensée écrite en pierre, au moyen-âge, avait un privilége tout à fait comparable à notre liberté actuelle de la presse, et qui était la liberté de l'architecture.

C'est elle aussi qui, ce nous semble, avec son parti pris de figure enroulée de feuillages présente réunis les trois motifs qui ont guidé les sculpteurs du moyen-âge. D'abord la nécessité de créer un sujet s'encadrant dans un motif architectural, ensuite la raillerie, et de temps à autre cette symbolique confuse, mélangée de souvenirs de fabliaux et de traditions plus confuses encore qui dérouteront longtemps, croyons-nous, les partisans du symbolisme à outrance.

# ROUEN

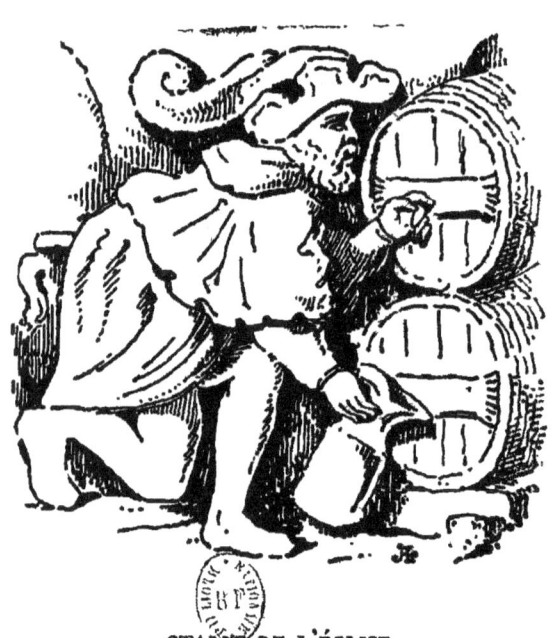

STALLE DE L'ÉGLISE

SAINT-ÉTIENNE-DES-TONNELIERS

(d'après le moulage conservé au Musée départemental d'antiquités).

# XII

Après ce; généralités sur les figures grotesques — résumé rapide de l'état des travaux
archéologiques déjà publiés sur cette question, résumé qui suffira peut-être à un grand
nombre de lecteurs, tout en leur indiquant
les nombreux et savants ouvrages qu'ils
pourront consulter, si besoin est — il nous
semble utile de faire suivre ces chapitres d'une
description sommaire des sculptures reproduites dans ce volume.

M. Champfleury, dans la préface qu'il a
bien voulu écrire spécialement pour nous,
émet une idée que nous serions heureux de
voir se réaliser; c'est que « cette monographie
en enfantera d'autres de même nature et fournira des points de comparaison entre les
divers monuments de la France et de l'é-
tranger. »

Nous espérons que les quelques lignes que

nous allons consacrer à la description de cha-
cune de ces sculptures ne pourront que venir
en aide à l'archéologue et au touriste. Elles
faciliteront les recherches du savant et lui
permettront de rapprocher nos motifs de
sculptures des sujets analogues qui existent
sur d'autres édifices, et elles préciseront pour
les curieux la place exacte qu'occupent ces
sculptures grotesques et symboliques sur
certains monuments de Rouen et des environs.

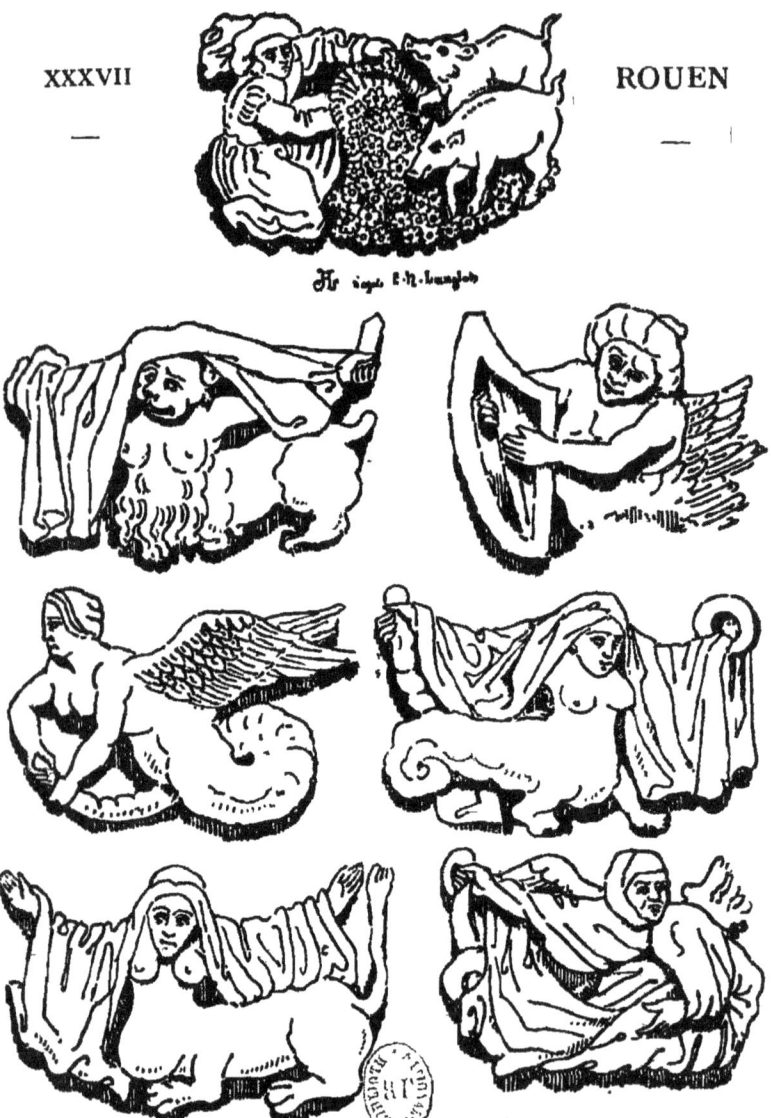

**SCULPTURES SUR BOIS**
(Stalles de la Cathédrale.)

CATHÉDRALE DE ROUEN.

I. CHAPITEAU. *(Intérieur du collatéral de la nef, coté sud).* — Ce chapiteau termine les trois colonnettes les plus saillantes du pilier. Il est décoré de trois figures monstrueuses : celle du milieu présente deux corps surmontés d'une seule tête grimaçante, la bouche largement fendue; les oreilles dentelées comme des feuillages, rejoignent des sortes de capuchons enveloppant la tête des deux autres figures dont une seule est représentée dans la vignette.

II. RETOMBÉE DE VOUTE. *(Chapelle Saint-Etienne, Tour de Beurre).* — Les retombées des arcs doubleaux de la voûte de cette chapelle sont décorées de groupes de figures, la plupart se tenant par la main et

### CATHÉDRALE DE ROUEN *(suite)*.

formant une sorte de chapiteau au sommet des nervures des arcs qui parfois se pro-longent au-dessous de ces motifs de sculpture. Cette retombée se compose de deux figures : la plus importante, la tête couverte d'un capuchon à oreilles, le vêtement ouvert sur la poitrine, les bras enveloppés de manches flot-tante ;, est représentée à mi-corps et donne la main à une autre figure dont on n'aperçoit que le profil.

III. RETOMBÉE DE VOUTE. *(Chapelle Saint-Etienne, Tour de Beurre).* — Figure monstrueuse coiffée d'un capuchon à oreil-lettes, paraissant enveloppée dans un vête-ment ou gaine laissant passer la tête et les pattes. Une sorte d'aîle traitée en feuillage et

# XXXVIII

# ROUEN

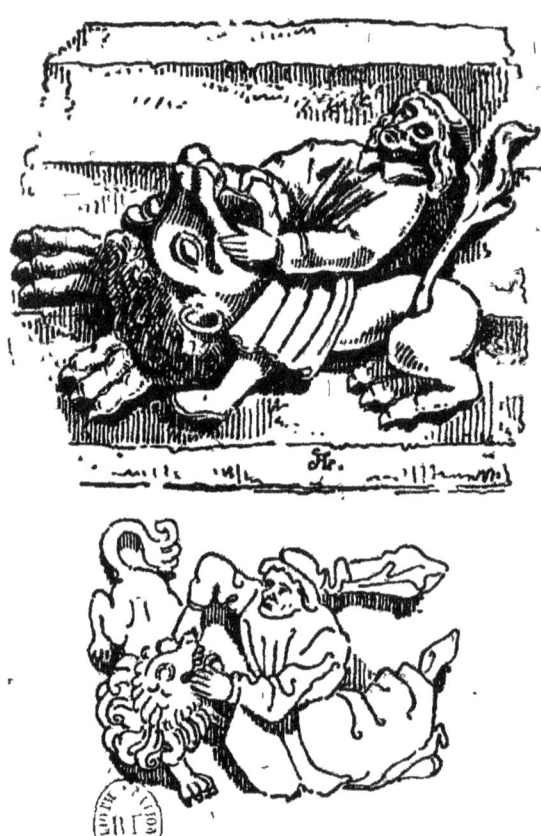

SCULPTURE SUR BOIS

(Palais de Justice. — Salle des *Pas-Perdus* et sujet semblable aux
stalles de la Cathédrale.)

CATHÉDRALE DE ROUEN *(suite)*.

une petite tête d'animal terminent la queue
de cette singulière figure qui est de petite dimension, relativement aux précédentes.


IV. RETOMBÉE DE VOUTE. *(Chapelle
Saint-Etienne, Tour de Beurre)*. — Figure
d'homme, à longs cheveux et à longues mous-
taches, représentée à mi-corps, les bras couverts d'une sorte d'armure. Deux oiseaux
placés à droite et à gauche, et appuyant leurs
pattes près du cou, plongent leur bec dans les
boucles de la chevelure de ce singulier per-
sonnage.


V. RETOMBÉE DE VOUTE. *(Chapelle
Saint-Etienne, Tour de Beurre)*. — Figure

CATHÉDRALE DE ROUEN *(suite).*

d'homme à longs cheveux roulés, représentée à mi-corps, revêtue d'un vêtement à gros boutons formant sur les bras et sur la poitrine des plis nombreux et réguliers; de chaque côté deux ailes bordées d'un large filet plat en relief; la partie inférieure de la figure enveloppée d'une draperie rachetant la saillie générale du motif.

VI. RETOMBÉE DE VOUTE. *(Chapelle Saint-Etienne, Tour de Beurre).* — Groupe de deux figures se donnant la main, la figure principale est vêtue d'une robe flottante avec un capuchon pointu et de doubles manches ouvertes, et paraît souffler dans un énorme instrument de musique percé de trous, qu'elle tient d'une seule main.

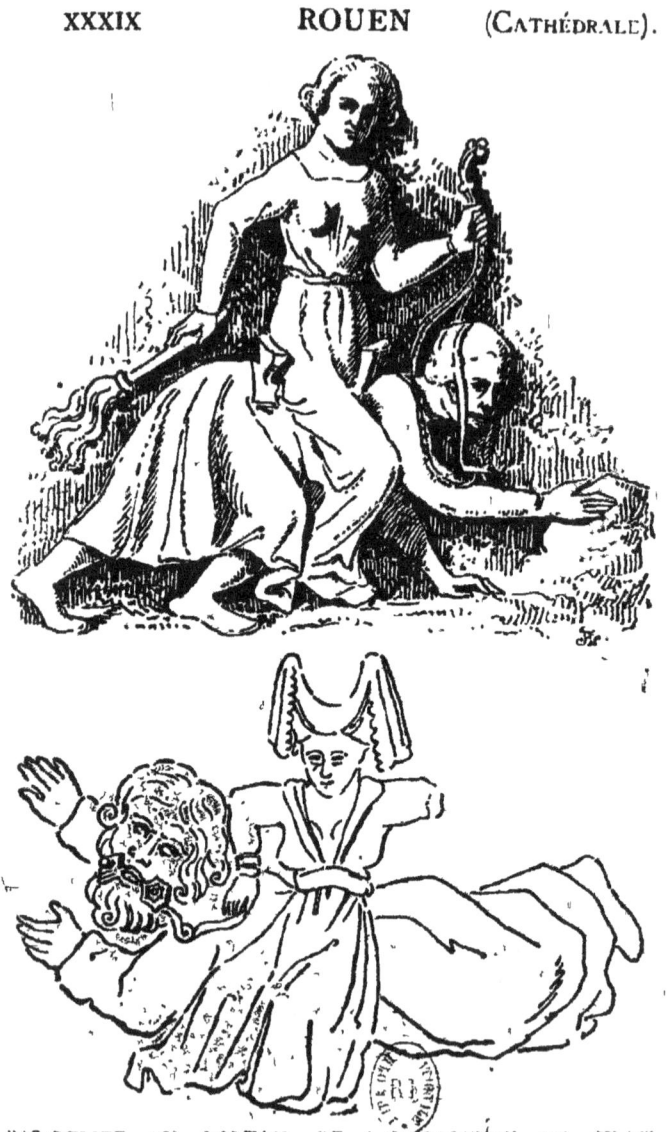

BAS-RELIEF DU PORTAIL DE LA CALENDE ET SUAT-
SEMBLABLE SUR LES STALLES DE LA MÊME ÉGLISE.

CATHÉDRALE DE ROUEN (*suite*).

## VI. RETOMBÉE DE COLONNETTE.

*(Intérieur du collatéral de la nef, côté nord).*
— Tête de femme. Du sommet d'une sorte de
couronne, en arrière des oreilles, partent deux
petits bras posés sur les épaules de cette
figure dont la partie inférieure paraît se rattacher de même, mais sur un plan plus éloigné.

## VII. STATUE. *(Portail des Libraires,*

*côté Est de la cour d'entrée).* — Statue
restaurée il y a quelques années sur des fragments authentiques reproduits fidèlement et
représentant Sainte-Geneviève, un cierge à la
main, tenant de l'autré main son livre d'office. Sur son épaule droite un petit ange se
tient prêt à allumer le cierge qu'un petit dé-

CATHÉDRALE DE ROUEN *(suite)*.

mon placé sur l'épaule gauche cherche à
éteindre à l'aide d'un souf.let.

## VIII. FRAGMENT DE SCULPTURE

*(actuellement au Musée départemental d'An-
tiquités)*. — Figure nue à mi-corps, dont les
bras sont couverts d'aspérités et dont la partie
inférieure est dissimulée par un feuillage à
demi-enroulé. La tête, grimaçante, présente
une bouche aux coins fortement accusés et de
gros yeux largement ouverts.

## IX. FRAGMENT DE SCULPTURE

*(actuellement au Musée départemental d'An-
tiquités)*. — Cette sculpture, formant arêtier,
représente un homme entièrement velu, les

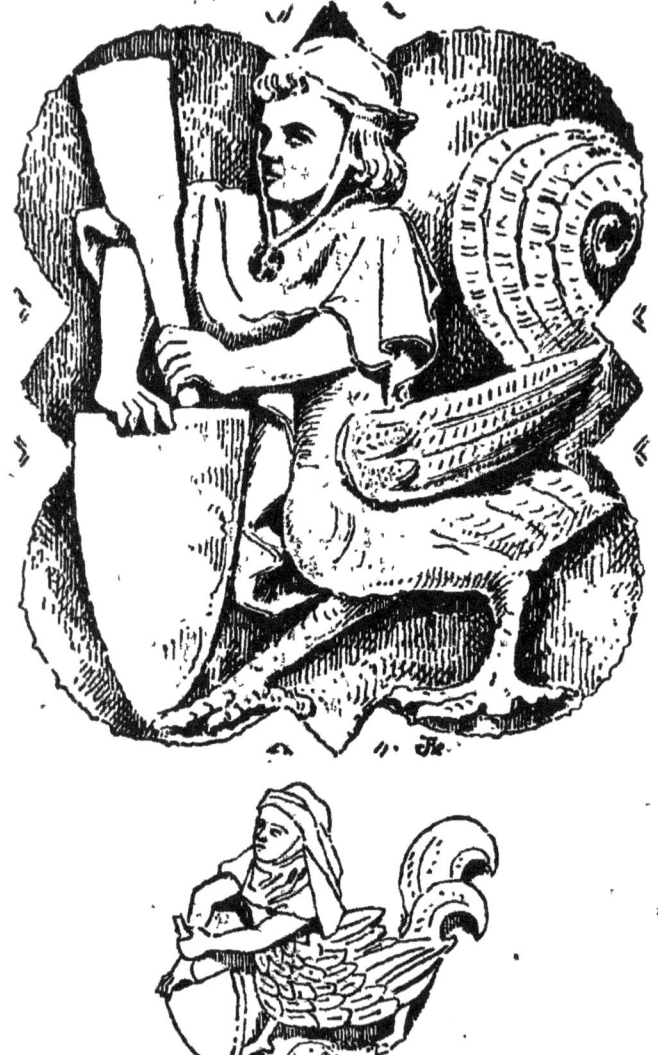

BAS-RELIEF DU PORTAIL DES LIBRAIRES ET SUJET
SEMBLABLE SUR LES STALLES DE LA MÊME ÉGLISE.

CATHÉDRALE DE ROUEN *(suite)*.

mains posées sur les genoux, la tête chevelue et barbue. D'après le catalogue du musée, dressé par M. l'abbé Cochet, cette sculpture représenterait Nabuchodonosor changé en bête.

## X. DEUX MÉDAILLONS SUR BOIS.

*(Portail des Libraires)*. — Ces deux figures font partie d'une longue file exclusivement composée de têtes presque toutes de face et offrant à peu près tous les types de coiffures de cette époque du moyen-âge. Cette frise décore une des traverses de la porte de l'église cathédrale de ce côté.

## XI. PETITE FIGURE TERMINANT

CATHÉDRALE DE ROUEN *(suite)*.

UNE MOULURE ORNÉE DE FEUIL-
LAGES. *(Jubé de la cour des Libraires, rue
Saint-Romain)*. Cette petite figure est coiffée
d'une sorte de toque à plumes et s'appuie sur
la moulure à l'aide des deux mains ; le reste
du corps est serré dans une gaîne formant des
plis réguliers traités en feuillage et se rattache
au motif courant décorant la moulure.

XII. ROSACE DE CLEF DE VOUTE
*(actuellement au Musée départemental d'Anti-
quités)*. Cette rosace représente une figure avec
agencement de feuillages sortant du milieu du
front, de la bouche et des deux oreilles. On
peut constater encore sur cette sculpture des
traces de peinture (vert et rouge) et des
rehauts d'or.

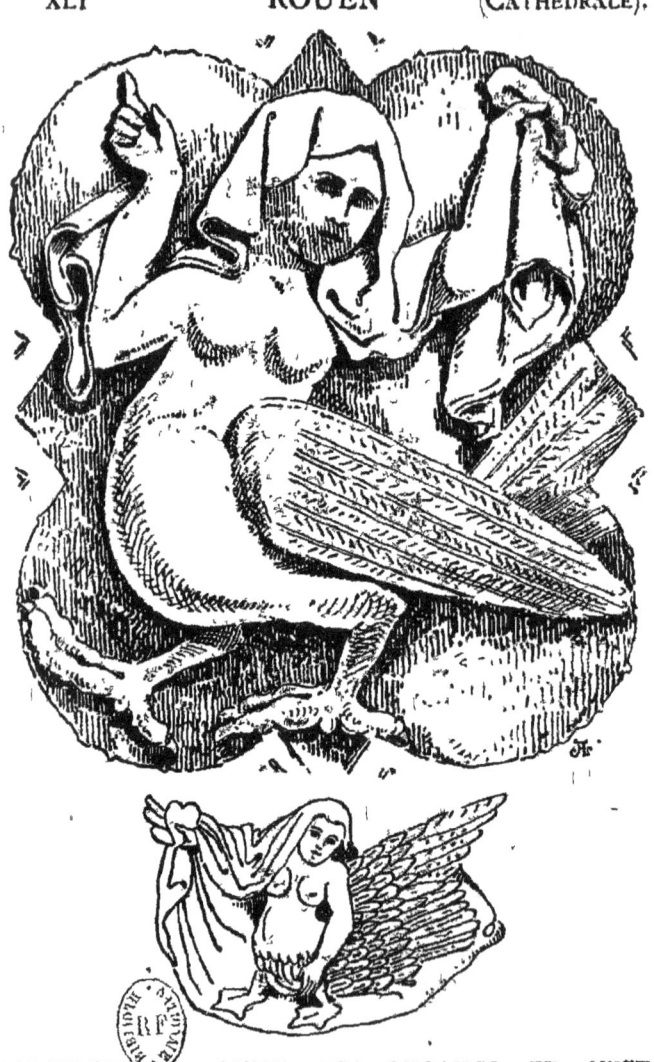

BAS-RELIEF DU PORTAIL DES LIBRAIRES ET SUJET
SEMBLABLE SUR LES STALLES DE LA MÊME ÉGLISE.

·

CATHÉDRALE DE ROUEN *(suite)*.

**XIII. FIGURE ACCROUPIE** *(actuel·
lement au Musée départemental d'Antiquités)*.
— Ce motif, traité avec soin, représente une
petite figure les cheveux longs et tenant un
livre en main. Elle remplaçait le crochet de
feuillage placé ordinairement à la base des
pyramides terminant les clochetons.

**XIV. DEUX GARGOUILLES.** *(Cour de
l'Albane et jubé de la cour des Libraires)*. —
L'une de ces figures représente un homme
complétement nu embrassant une gargouille
sans aucune ornementation; l'autre figure,
sorte de mascaron formant gargouille, représente une figure coifféé d'un capuchon faisant
saillie sur un corps de moulure horizontal et
dont la bouche largement ouverte servait à
l'écoulement des eaux.

CATHÉDRALE DE ROUEN (suite).

XV. TROIS GARGOUILLES. (Cha-
pelle de la Vierge, côté de la rue des Bonnetiers, et sommet du portail de la Calende).
— Ces trois gargouilles à figure humaine sont
d'une exécution très-sommaire. Pour les deux
premières, le volume de la tête est singulièrement grossi et exagéré; la troisième représente
un animal purement fantastique, dominant
de toute sa saillie, une microscopique figure,
un livre en main, dissimulée sous les longues
pattes grêles de l'animal qui paraît lui peser
sur les épaules.

ÉGLISE SAINT-OUEN DE ROUEN.

XVI. TROIS GARGOUILLES. (Deux
premières sur l'un des contre-forts de l'abside,
la dernière au sommet du portail des Mar-

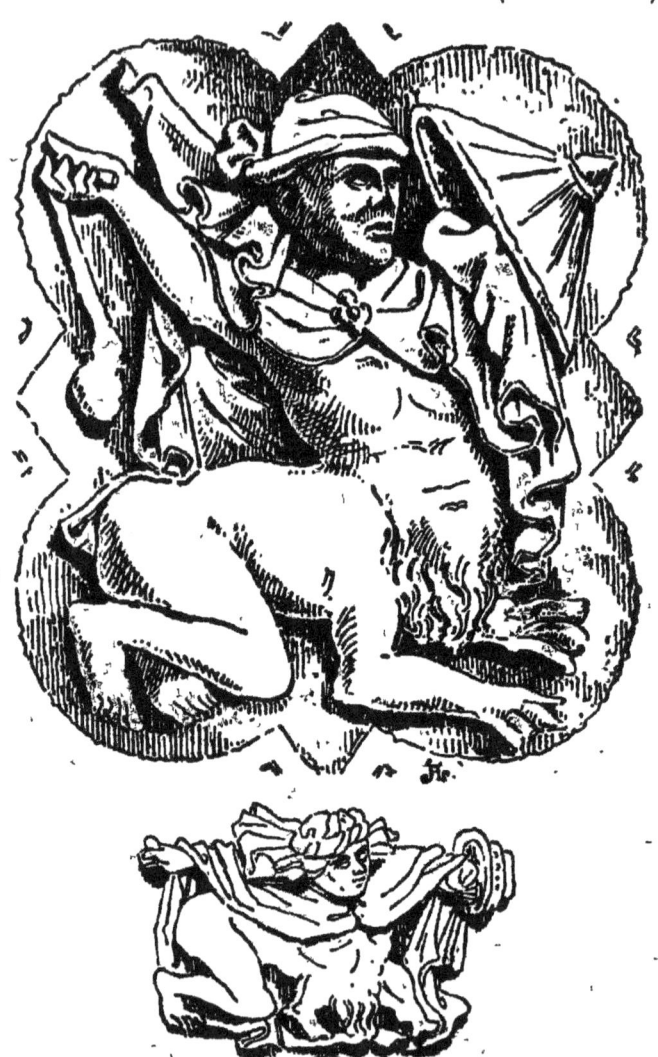

BAS-RELIEF DU PORTAIL DES LIBRAIRES ET SUJET SEMBLABLE
SUR LES STALLES DE LA MÊME ÉGLISE.

ÉGLISE SAINT-OUEN DE ROUEN *(suite).*

*mousets, toutes trois du côté sud).* — Cette dernière gargouille (portail des Marmousets) représente un animal chimérique, accroupi sur une figure mitrée, les pattes reposent sur les épaules de cette petite figure et l'animal semble peser sur elle de tout son poids; un grand nombre de gargouilles de cette église, soit de ce côté, soit du côté nord, présentent la même disposition. Les deux autres représentent, l'une une figure humaine, dont la tête seule est bien conservée, et l'autre un animal fantastique. Ces gargouilles, de très-grande dimension, placées sur la partie carrée des contre-forts servaient à l'écoulement des eaux de la toiture du chœur qui étaient amenées par un caniveau placé au sommet des arcs-boutants reliant le chœur aux contre-forts.

## ÉGLISE SAINT-OUEN DE ROUEN *(suite)*.

A cause du volume d'eau considérable que
ces gargouilles devaient déverser, et pour
être en harmonie avec les grandes lignes
du monument, non-seulement elles ont
été exécutées dans de grandes dimensions,
mais en outre d'une gueule ouverte néces-
saire à l'écoulement de l'eau, la plupart
d'entre elles ont à leur partie inférieure une
seconde ouverture destinée au même usage.
Celle que nous reproduisons affecte la forme
d'un animal fantastique à tête monstrueuse,
le corps enveloppé d'une draperie formant de
larges plis régulièrement disposés et une sorte
de collet autour du cou, avec des membres
inférieurs humains et étouffant de son énorme
poids une petite figure dans une attitude raidie
et paraissant lutter contre cette masse qui la
dissimule presque entièrement.

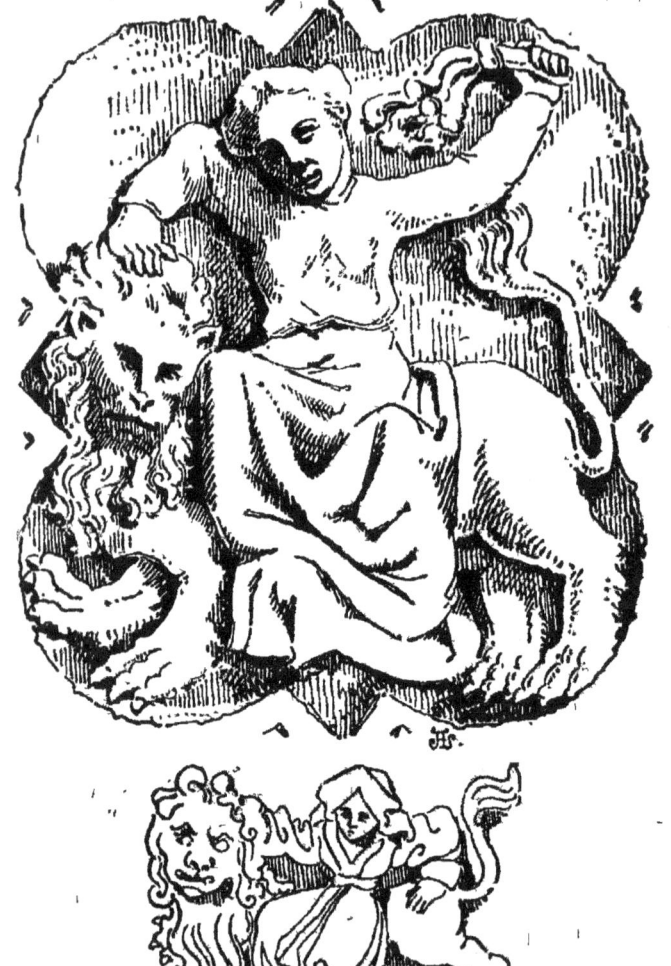

BAS-RELIEF DU PORTAIL DES LIBRAIRES ET SUJET SEMBLABLE
SUR LES STALLES DE LA MÊME ÉGLISE.

ÉGLISE SAINT-REMY DE DIEPPE.

**XVII. GARGOUILLE.** *(Côté de la mer).*
— Cette gargouille, comme les suivantes,
d'une exécution sommaire et très-fruste représente une figure humaine à bouche largement ouverte pour l'écoulement des eaux,
tenant dans ses mains une petite roue (?), la
partie inférieure du vêtement tombant en
larges plis sur les moulures terminant le contre-fort.

**XVIII. GARGOUILLE.** *(Côté de la mer).*
— Cette gargouille, à figure monstrueuse-
ment laide, tient des deux mains un livre
ouvert appuyé sur la poitrine, les pieds dé-
passant un peu le bas de la robe flottante qui
enveloppe cette figure.

ÉGLISE SAINT-REMY DE DIEPPE *(suite)*.

**XIX. GARGOUILLE.** *(Côté de la mer)*.—
Placée près des précédentes, cette gargouille
présente une figure humaine les mains jointes,
vêtue d'une longue robe avec une sorte de
tablier arrondi, la tête enveloppée d'un capuchon dont le rebord dentelé formant des
oreilles droites est plissé régulièrement autour
du cou.

ÉGLISE SAINT-JACQUES DE DIEPPE.

**XX. GARGOUILLE.** *(Contre-fort de
l'Abside)*. — Gargouille représentant une
figure humaine, la tête enveloppée d'un capuchon légèrement dentelé et plissé sur les
épaules, et assise sur les moulures formant
corniche, les mains posées sur les genoux.

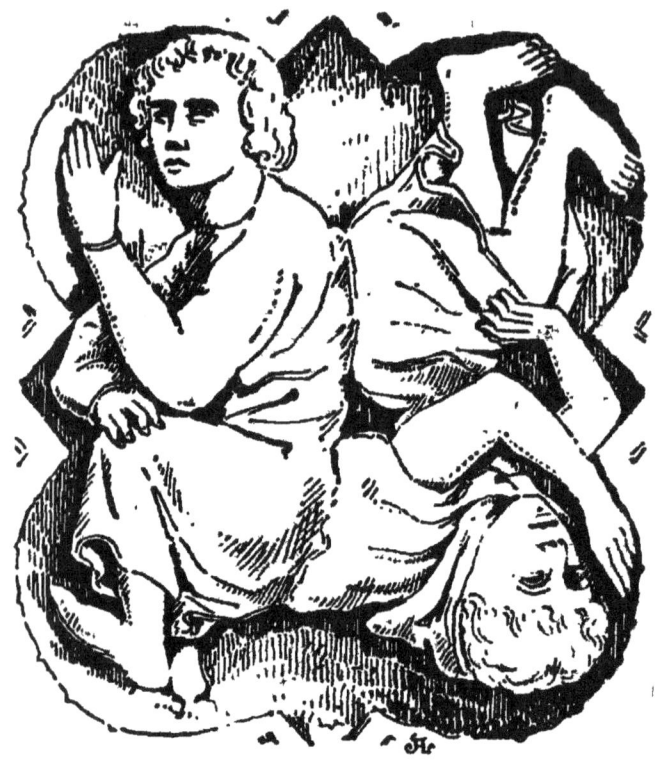

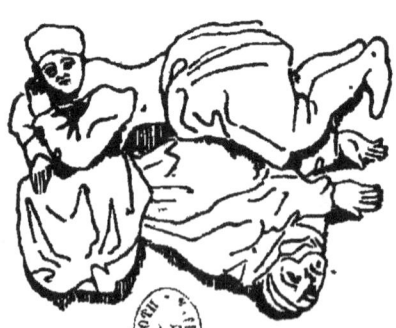

BAS-RELIEF DU PORTAIL DES LIBRAIRES ET SUJET SEMBLABLE
AUX STALLES DE LA MÊME ÉGLISE.

ÉGLISE SAINT-REMY DE DIEPPE.

**XXI. GARGOUILLE.** *(Côté de la mer, Abside).* — Cette gargouille, très-fruste, représente une figure complétement velue dont le visage, orné d'une longue barbe, a complétement disparu, elle s'appuie du bras droit sur un ceps noueux ou un tronc d'arbre aux racines et aux rugosités nombreuses.

ÉGLISE SAINT-JACQUES DE DIEPPE.

**XXII. GARGOUILLE.** *(Près du portail principal).* — Cette gargouille représente une sirène nue jusque la ceinture, la partie inférieure du corps enveloppée d'écailles, le visage complétement fruste entouré de longs cheveux. Primitivement l'eau au lieu de s'écouler par la bouche comme pour les gargouilles ordi-

ÉGLISE SAINT-JACQUES DE DIEPPE (*suite*).

naires s'écoulait par les seins, par deux ori-
fices de petite dimension.

XXIII. GARGOUILLE. (*Contre-fort
d'une des chapelles de l'Abside*). — Cette
gargouille est formée de deux figures d'homme
grimpées l'une sur l'autre, la dernière se po-
sant sur le visage un masque de forme antique
à bouche largement ouverte. Cette gargouille
dont l'exécution se ressent des traditions de
la Renaissance est appliquée au sommet d'un
contre-fort décoré comme un pilastre dans le
goût du xviᵉ siècle.

Le petit motif placé à cette même page
appartient à un pinacle de la nef de cette
même église. Ce pinacle extérieur, placé près
de la figure de sirène précédemment repro-

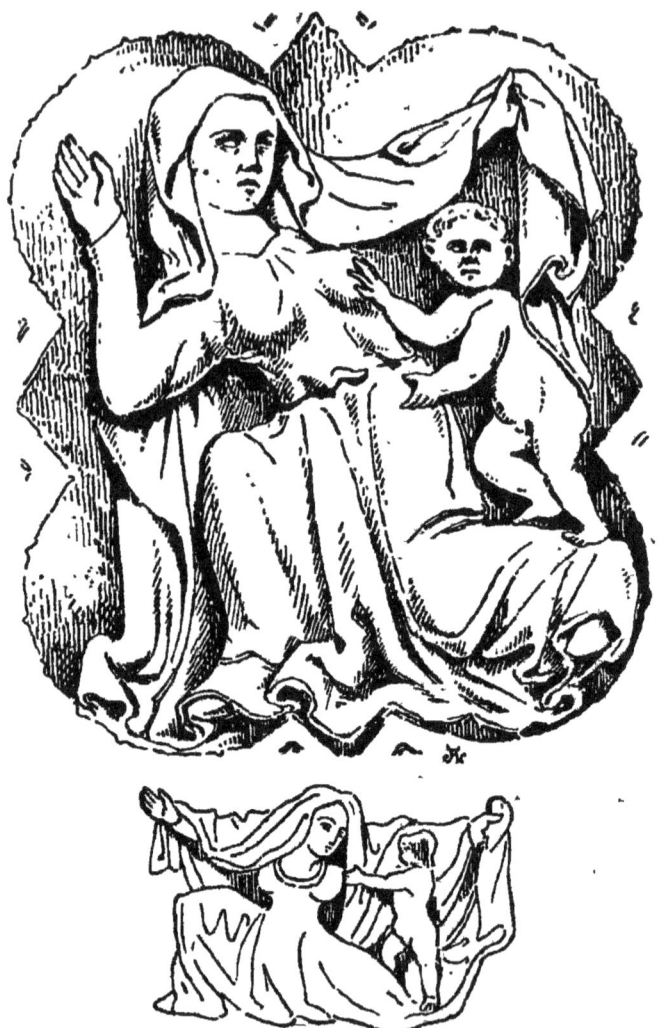

BAS-RELIEF DU PORTAIL DES LIBRAIRES ET SUJET SEMBLABLE
SUR LES STALLES DE LA MÊME ÉGLISE.

ÉGLISE SAINT-JACQUES DE DIEPPE *(suite)*.

duite, est, de même d'ailleurs que la plupart
de ceux de cet édifice, orné de petites figurines
de fantaisie à la place du crochet de feuillage
habituel.

Le motif que nous avons choisi, à cause de
sa singularité, représente un petit cochon à
demi-engagé dans la moulure d'angle et dont
les pattes projetées en avant s'appuyent sur la
partie verticale du pinacle.

CATHÉDRALE DE ROUEN.

XXIV. MOTIF DE SCULPTURE. *(Au
point de rencontre d'une archivolte et d'une
surface plane, chapelle de la Vierge, côté de
la rue des Bonnetiers)*. — Cette petite figure
formant pendant à une petite gargouille de

### CATHÉDRALE DE ROUEN *(suite).*

même dimension à peu près, représente un diablotin ailé, à longues oreilles, jouant de la mandoline, et la partie inférieure du corps vaguement indiquée.

### ÉGLISE DE CAUDEBEC-LÈS-ELBEUF.

**XXV. MOTIF DE SCULPTURE.** (*Angle d'un Pinacle*). — Ce motif, provenant d'un pinacle de l'ancienne église, et actuellement dans une collection particulière, représente, à l'angle d'un tympan, une petite figure dans une attitude non moins débraillée que singulière. A l'angle opposé, le même clocheton n'offre dans le triangle semblable qu'un motif de feuillage.

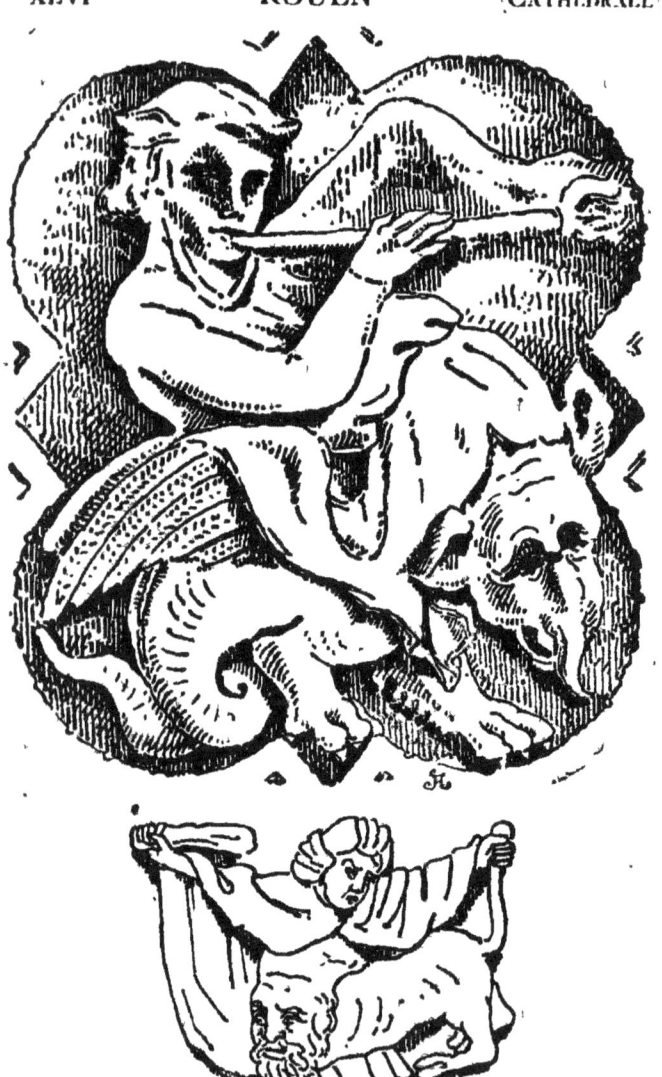

BAS-RELIEF DU PORTAIL DES LIBRAIRES ET SUJET EMPRUNTÉ
AUX STALLES DE LA MÊME ÉGLISE.

ÉGLISE DE CAUDEBEC-LÈS-ELBEUF *(suite)*.

**XXVI. FRAGMENT DE GAR-
GOUILLE.** — Ce fragment de gargouille
appartenait, comme le précédent, à l'ancienne église de Caudebec-lès-Elbeuf et figure
actuellement dans une collection particulière.
Il représente une très-petite figure enveloppée
d'une robe, la tête entourée d'un capuchon,
accroupie entre les jambes d'une figure de
beaucoup plus grande dimension et dont le
détail des chaussures est encore apparent.

CATHÉDRALE DE ROUEN.

**XXVII. BAS-RELIEF.** (*Portail nord de
la façade principale*). — Figure représentant
Hérodiade dansant sur les mains. Cette figure
a été lithographiée par E.-H. Langlois en 1819,

CATHÉDRALE DE ROUEN *(suite)*,

et reproduite dans les grandes planches de la
*Normandie pittoresque* de Taylor et Ch.
Nodier.

## EGLISE St-GEORGES-DE-BOSCHERVILLE
### (PRÈS ROUEN).

**XXVII. FRAGMENT DE CHAPITEAU
ET CORBEAU.** — Ce fragment de chapiteau reproduit une posture singulière, analogue à celle de la Cathédrale de Rouen,
reproduite sur la même page. Ce Chapiteau
est actuellement conservé au Musée d'Antiquités. Quant au Corbeau il peut donner une
idée des fantaisies d'attitude que paraissaient
affectionner les sculpteurs qui ont travaillé à
la décoration de cette abbaye romane.

# ROUEN

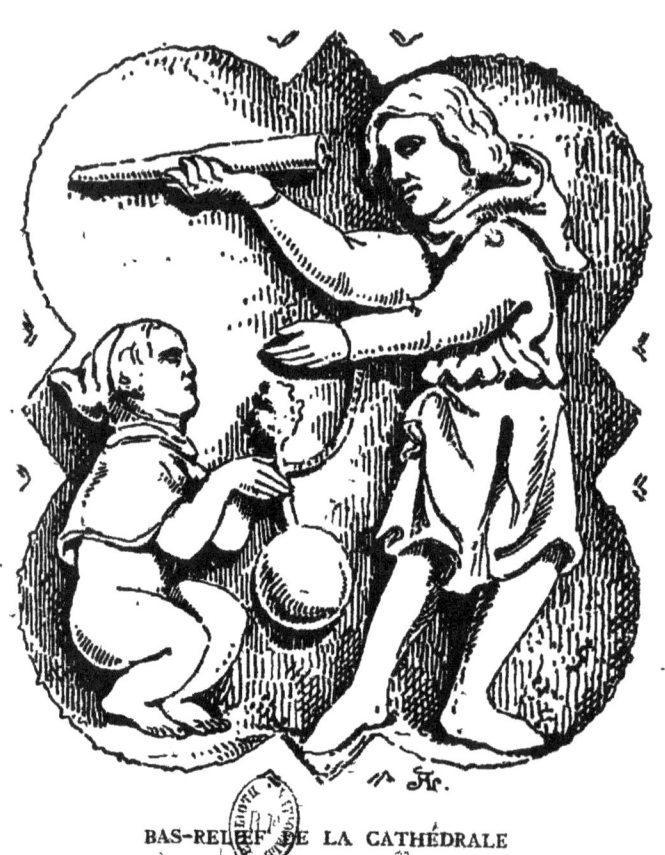

BAS-RELIEF DE LA CATHÉDRALE
*(Portail des Libraires).*

14

## PALAIS DE JUSTICE DE ROUEN
### (SALLE DES PAS-PERDUS).

**XXVIII. SCULPTURE SUR BOIS.** —
Cette sculpture, ainsi qu'un certain nombre
des suivantes, sont appliquées sur la grande
moulure qui règne à la base de la voûte en
bois de la salle des Pas-Perdus. Placées à
une hauteur de plusieurs mètres au-dessus du
sol, la plupart de ces sculptures ont été estam-
pées lors de la restauration de cette salle, et
un grand nombre de ces vignettes ont été
dessinées d'après les moulages qui nous ont
été communiqués par M. Fouché, sculpteur à
Rouen. Cette tête est coiffée d'un bonnet à
oreilles droites et modelée par larges plans.

**XXIX. SCULPTURE SUR BOIS.** —
Placé de même façon que le précédent, ce

### PALAIS DE JUSTICE DE ROUEN
#### (SALLE DES PAS-PERDUS, *suite*).

motif représente un singe et fait partie d'une
longue suite d'animaux disséminés de place
en place et mélangés à des sujets de figures
ou des postures bizarres dont ce recueil contient un certain nombre de reproductions.

### XXX. SCULPTURE SUR BOIS. —
Ce motif, qui n'est peut-être pas sans analogie
avec la sculpture sur pierre de la cathédrale
souterraine de Bourges, représente une figure
monstrueuse, entièrement nue, la tête ren-
versée et encadrée entre les jambes.

### XXXI. SCULPTURE SUR BOIS. —
Ce motif représente deux fous coiffés du capu-

# XLVIII

# ROUEN

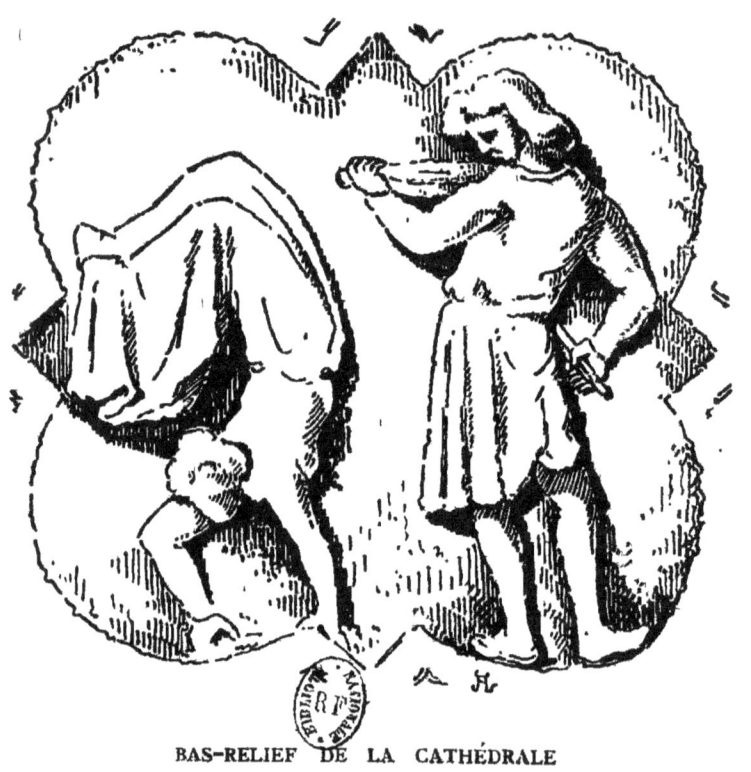

BAS-RELIEF DE LA CATHÉDRALE

*(Portail de la Calende),*

## PALAIS DE JUSTICE DE ROUEN
### (SALLE DES PAS-PERDUS, *suite*).

chon à oreillettes, la marotte en main, leur
jaquette plissée régulièrement. Ils sont accolés
de telle façon qu'ils peuvent être vus sous
un double aspect, c'est-à-dire qu'ils paraissent
soit représentés horizontalement tous deux,
l'un au-dessus de l'autre, soit verticalement
l'un à côté de l'autre. On trouvera plus loin
des sujets semblables empruntés au portail
des Libraires et aux stalles de la cathédrale
de Rouen.

XXXII. FRAGMENT DE SCULP-
TURE. — Ce motif représente un diablotin
ailé sortant d'une coquille d'escargot.

XXXIII. SCULPTURE SUR BOIS. —

### PALAIS DE JUSTICE DE ROUEN
#### (SALLE DES PAS-PERDUS, *suite*).

Joueur de cornemuse dont la figure souriante s'encadre dans un capuchon à larges oreilles, et représenté accroupi dans une posture singulière.

### XXXIV. SCULPTURE SUR BOIS. —
Très-petite sculpture placée à la base des nervures des jouées des grandes lucarnes, représentant un joueur de cornemuse soufflant dans son instrument, les joues fortement gonflées. Il est coiffé d'un chapeau relevé d'un côté et vêtu d'un long vêtement serré à la taille par une ceinture.

### XXXV. SCULPTURE SUR BOIS. —

# ROUEN

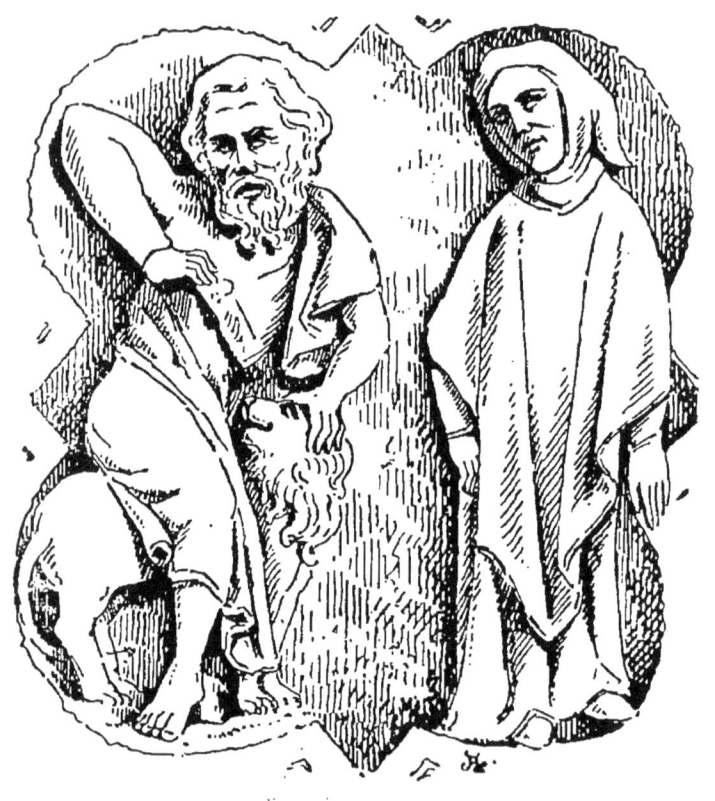

BAS-RELIEF DE LA CATHÉDRALE

*Portail des Libraires*

## PALAIS DE JUSTICE DE ROUEN
### (SALLE DES PAS-PERDUS, *suite*).

Ce dernier motif, emprunté à la frise de la salle des Pas-Perdus, représente un singe accroupi, recueillant ses excréments d'une main et les dévorant.

Cette sculpture, exécutée avec soin et qui paraît beaucoup plus fine que plusieurs des motifs placés près d'elle, se trouve sur la grande moulure presque au-dessus de l'entrée des salles d'audience du Tribunal civil, en face de la baie décorée de sculpture qui donne accès à la salle des Assises.

### ÉGLISE DE BOURG-ACHARD (EURE).

## XXXV. STALLE DE L'ÉGLISE. —
Ce motif de sculpture, reproduit par E.-H.

EGLISE DU BOURG-ACHARD [Eure] (*suite*).

Langlois dans son ouvrage sur les *Stalles de la Cathédrale de Rouen*, fait actuellement partie de la collection de M. Locquet, de Rouen, un de ses habiles serruriers qui font songer aux maîtres en ferronnerie du temps passé, et qui est parvenu d'ailleurs à réunir une fort précieuse collection d'objets d'art en fer, parmi lesquels quelques merveilles peuvent nous donner une nouvelle preuve du talent incontestable que déployaient les artistes du moyen-âge, lors même qu'ils ne fabriquaient que des objets usuels. Il nous a paru curieux de rapprocher ce bizarre sujet de la non moins curieuse figure de singe, empruntée au Palais de Justice de Rouen, et placée sur cette même page.

# L

# ROUEN

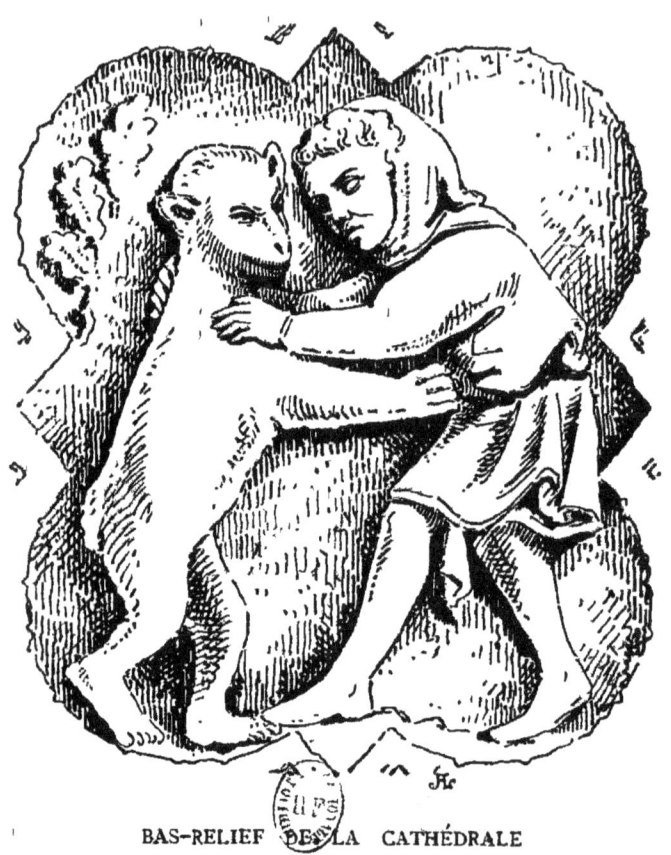

BAS-RELIEF DE LA CATHÉDRALE

*(Portail des Libraires).*

## ANCIENNE ÉGLISE SAINT-ÉTIENNE-DES-TONNELIERS DE ROUEN.

**XXXVI. SCULPTURE SUR BOIS.**
— Les moulages de deux motifs exécutés sur les stalles de cette église supprimée, sont conservés actuellement au Musée départemental d'antiquités, et il n'y a pas longtemps encore que les originaux — amenés là on ne sait par quel hasard — traînaient sur les tables de la Salle de Vente. Nous ne savons ce que sont devenus ces deux fragments de bois sculpté que l'on proposait aux amateurs pour une centaine de francs environ, soit comme pièce de collection, soit plutôt comme console destinée à supporter un objet d'art. Celui que nous reproduisons représente un soudard agenouillé, coiffé d'une toque à plumes à bord déchiqueté, tenant un broc de la main droite et sondant du doigt une futaille.

CATHÉDRALE DE ROUEN.

XXXVII. STALLES. — Cette vignette réunit sept sujets exécutés sur les stalles et reproduits d'après les gravures au trait de E.-H. Langlois. Le sujet placé dans le haut de la page est la mise en action du proverbe : *Margaritas ante Porcos*. Les six autres représentent divers sujets monstrueux qui nous paraissent rentrer plus spécialement dans notre sujet. Ces sept vignettes — ceci soit dit en passant — sont à peu près — avec quelques répétitions de sujets qu'on trouvera plus loin — les seuls dessins de ce volume qui ne soient pas inédits. Malgré cela, il nous paraissait impossible de ne point faire figurer ici ces reproductions de monstres bizarres — dont la place était marquée à l'avance, ce nous semble dans un recueil de sculptures gro-

# ROUEN

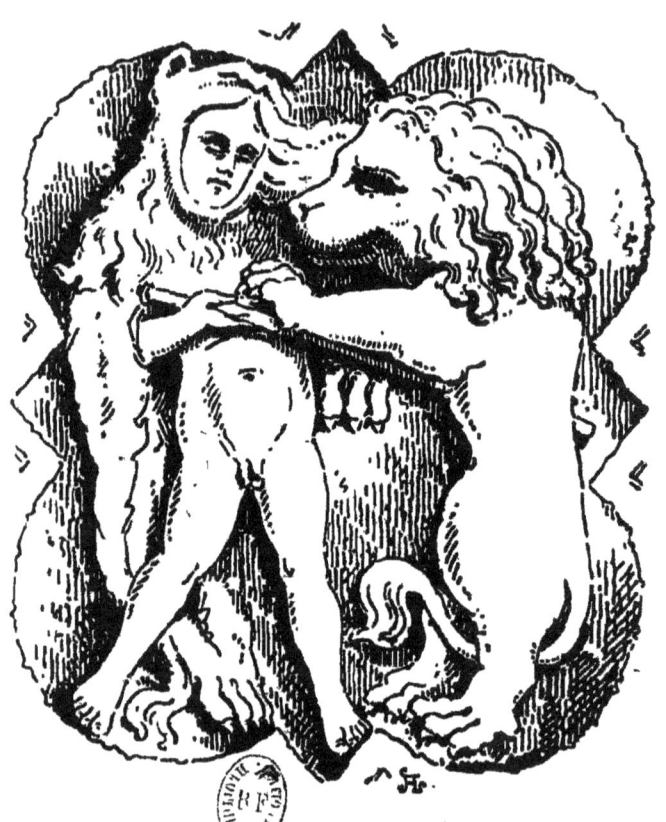

BAS-RELIEF DE LA CATHÉDRALE

*(Portail des Libraires).*

15

CATHÉDRALE DE ROUEN *(suite)*.

tesques, — cela d'ailleurs nous permet de
rappeler une fois de plus le nom d'un travail-
leur acharné qui fut un des premiers archéologues — à une époque où il y avait peut-être
quelque mérite à l'être, quelque difficulté à
le devenir, et dont les travaux aujourd'hui
encore font autorité, sont cités avec éloge, et
ont ouvert bien des voies alors inexplorées.

## PALAIS DE JUSTICE DE ROUEN
### (SALLE DES PAS-PERDUS).

**XXXVIII. SCULPTURE SUR BOIS.—**
Figure de Samson terrassant un lion, sculpture sur bois, frise de la salle des Pas-Perdus
et même sujet sur les stalles de la Cathédrale.

CATHÉDRALE DE ROUEN.

**XXXIX. BAS-RELIEF DU PORTAIL DE LA CALENDE.** — Ce bas-relief, d'une remarquable exécution, représente le *Lai d'Aristote*, il est placé à la base d'une statue sur un contrefort, du côté de la rue des Bonnetiers. Il est difficile à apercevoir à cause de son élévation, et a été reproduit ici d'après un estampage.

Ce bas-relief ne mesure pas plus de quinze centimètres de hauteur et les détails en sont traités avec un soin tout particulier. Avec de telles dimensions, des sculptures aussi délicates étaient parfois très-difficiles à reproduire. Fort heureusement — pour celle-ci d'abord — et ensuite pour la nombreuse série des sujets appartenant au portail des Libraires; un statuaire de Rouen, M. F. Devaux, auteur

# ROUEN

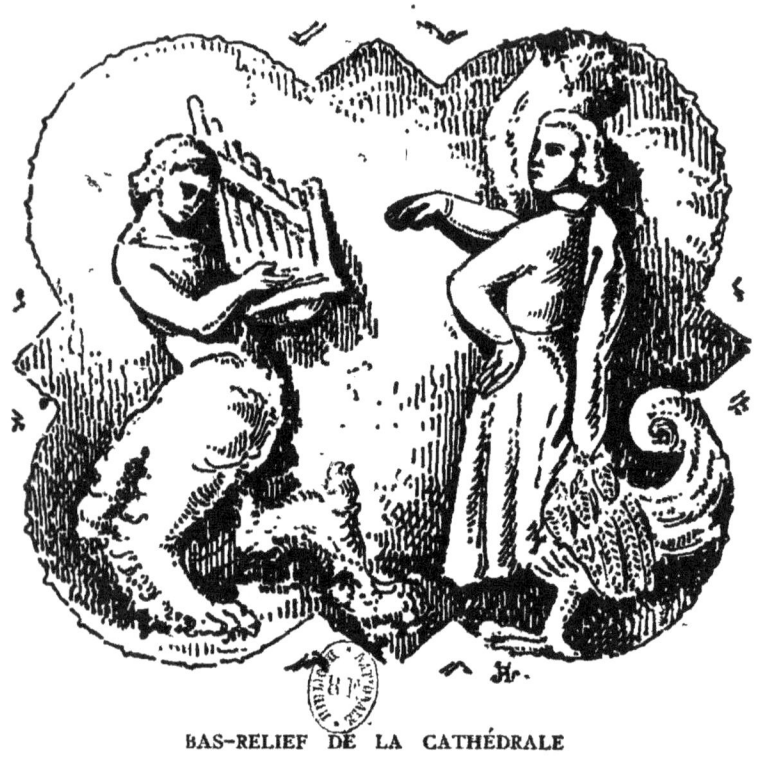

BAS-RELIEF DE LA CATHÉDRALE

*(Portail de la Calende).*

CATHÉDRALE DE ROUEN *(suite).*

des bustes de Bouilhet et de F. Pouchet, qui ont figuré avec honneur aux salons de Paris, avait pris part, il y a quelques années, aux travaux de restauration exécutés sur ces deux portails latéraux de la Cathédrale et avait pro-fité des échafaudages établis alors pour estam-per, à l'aide de terre glaise, un assez grand nombre de ces bizarres sculptures. Les mou-lages que ce statuaire nous a fort amicalement communiqués nous ont permis de reproduire beaucoup plus facilement quelques-uns de ces bas-reliefs, beaucoup plus frustres maintenant qu'ils ne l'étaient il y a quelques années, et dont les détails commencent parfois à devenir difficiles à apercevoir sur les originaux.

Le même sujet, le *Lai d'Aristote,* a été traité également par les sculpteurs des stalles

CATHÉDRALE DE ROUEN *(suite).*

de la Cathédrale, nous le rapprochons de notre bas-relief et nous allons d'ailleurs trouver plus loin sept sculptures du portail des Libraires, dont les stalles nous offrent des reproductions à peu près identiques. Ce fait avait été déjà signalé, ainsi que nous l'avons dit, par E.-H. Langlois et M. Deville, mais le rapprochement de nos croquis inédits et des dessins de Langlois parlera encore, croyons-nous, plus clairement aux yeux.

**XL. BAS-RELIEF DU PORTAIL DES LIBRAIRES. —** Buste d'homme sur un corps d'oiseau appuyé sur une sorte d'écu, et sujet semblable sur les stalles de la même église.

Presque tous ces sujets sont inscrits dans

# LIII

# ROUEN

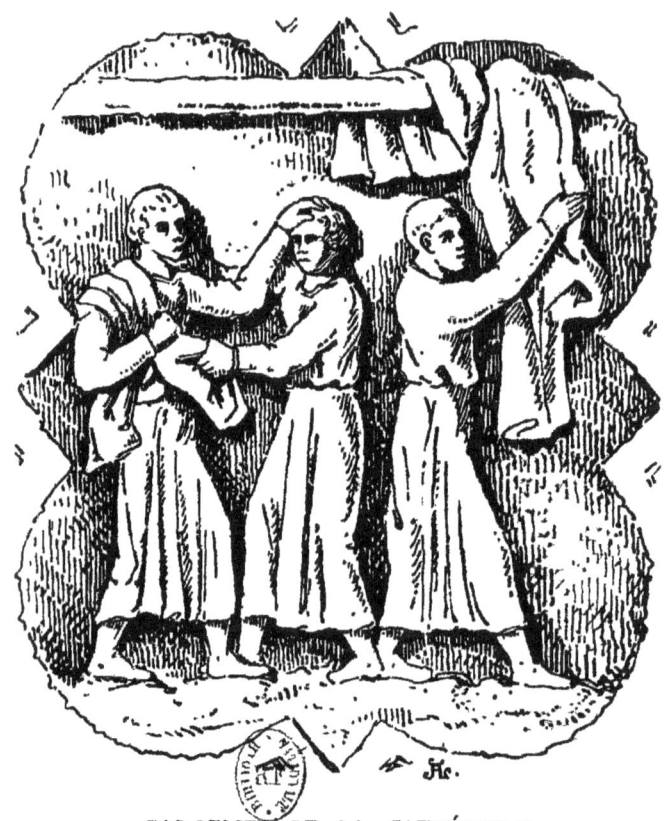

BAS-RELIEF DE LA CATHÉDRALE

*(Portail de la Calende).*

CATHÉDRALE DE ROUEN *(suite)*.

des quatrilobes jointifs à peu près carrés et
mesurant environ vingt-quatre centimètres de
hauteur, sur un peu plus de vingt de largeur.

XLI. BAS-RELIEF DU PORTAIL
DES LIBRAIRES. — Buste de femme,
demi-nue sur un corps d'oiseau, la tête recouverte d'une draperie, et sujet semblable sur
les stalles de la même église.

XLII. BAS-RELIEF DU PORTAIL
DES LIBRAIRES. — Figure d'homme,
coiffé d'un chapeau, les épaules couvertes d'un
manteau, tenant un bouclier et une sorte de
massue, et se terminant en forme de monstre
offrant comme membres postérieurs deux

CATHÉDRALE DE ROUEN *(suite)*,

jambes humaines et comme membres antérieurs deux pattes d'animal sortant de l'abdomen. Sujet·semblable sur les stalles de la
même église.

. XLIII. BAS-RELIEF DU PORTAIL
DES LIBRAIRES. — Figure de femme,
montée sur un lion qu'elle flagelle à tour de
bras, et sujet analogue sur les stalles de la
Cathédrale.

XLIV. BAS-RELIEF DU PORTAIL
DES LIBRAIRES. — Double figure juxta-
posée et sujet semblable sur les stalles de la
même église. Cette vignette est à rapprocher
de la sculpture sur bois empruntée à la salle

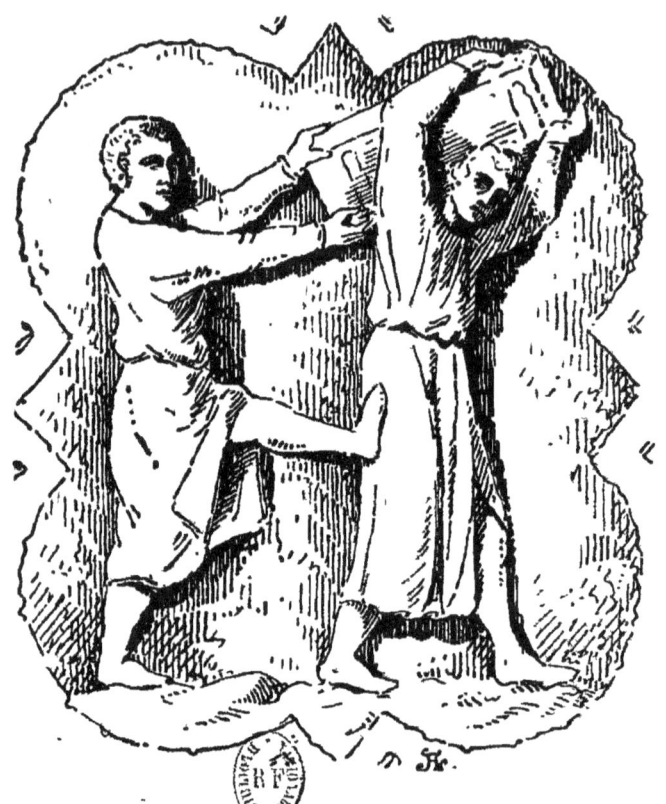

**BAS-RELIEF DE LA CATHÉDRALE**

*(Portail de la Calende).*

CATHÉDRALE DE ROUEN *(suite)*.

des Pas-Perdus du Palais de Justice, et repró-
duite au nº **XXXI**, le costume des figures est
différent, mais le parti pris de combinaison et
d'agencement est exactement le même.

**XLV. BAS-RELIEF DU PORTAIL
DES LIBRAIRES.** — Figure de femme,
drapée, découvrant une petite figure d'enfant
cachée sous son manteau, et sujet semblable
sur les stalles de la même église.

**XLVI. BAS-RELIEF DU PORTAIL
DES LIBRAIRES.** — Figure monstrueuse,
buste d'homme, se terminant en dragon ailé
à deux pattes, et monstre à tête humaine sur
l'abdomen, et sujet à peu près semblable sur
les stalles de la même église.

CATHÉDRALE DE ROUEN *(suite).*

XLVII. BAS-RELIEF DU PORTAIL DES LIBRAIRES. — Homme paraissant conduire une petite figure accroupie, la tête couverte d'un capuchon, le reste du corps nu.

XLVIII. BAS-RELIEF DU PORTAIL DE LA CALENDE. — Figure de femme, dansant sur les mains et accompagnée sur un instrument, par une figure d'homme vue de dos.

XLIX. BAS-RELIEF DU PORTAIL DES LIBRAIRES. — Homme s'apprêtant à tuer un lion devant une autre figure complètement drapée.

# ROUEN

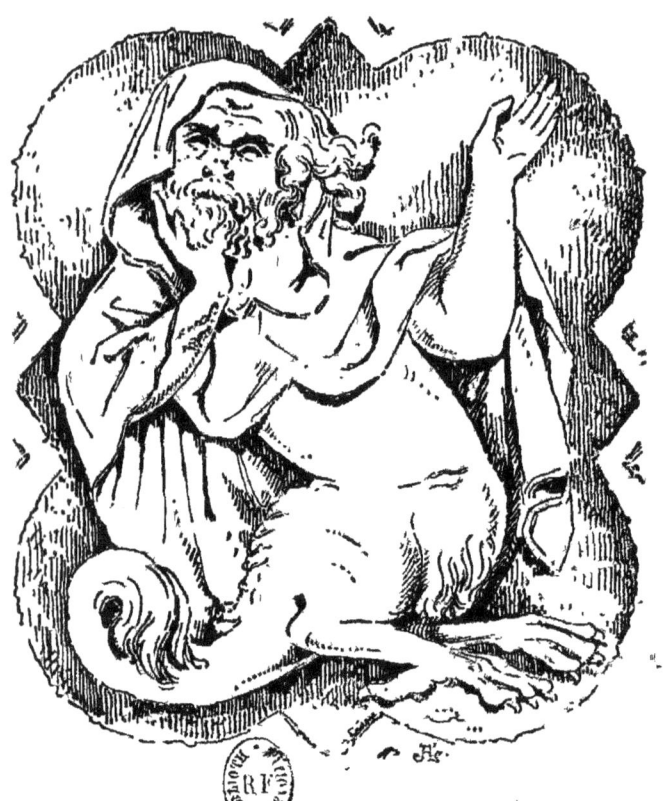

BAS-RELIEF DE LA CATHÉDRALE

*(Portail des Libraires).*

16

CATHÉDRALE DE ROUEN *(suite).*

L. BAS-RELIEF DU PORTAIL DES LIBRAIRES. — Figure d'homme, vêtu d'une tunique, le capuchon sur la tête, luttant avec un ours se tenant debout sur les pattes de derrière.

LI. BAS-RELIEF DU PORTAIL DES LIBRAIRES. — Figure d'homme nu, à demi-couvert d'une peau de lion lui servant de coiffure et combattant un lion dressé devant lui, à l'aide d'une lance ou d'un épieu dont il le transperce de part en part.

LII. BAS-RELIEF DU PORTAIL DE LA CALENDE. — Figure de sirène, jouant d'un instrument de musique, devant une

CATHÉDRALE DE ROUEN *(suite)*.

figure d'homme, un poing sur la hanche, se terminant en corps d'oiseau.

## LIII. BAS-RELIEF DU PORTAIL DE LA CALENDE. — Trois figures d'hommes vêtus d'une longue robe, le premier décroche des étoffes suspendues à une barre horizontale, tandis que le second porte la main sur la tête d'un troisième qui semble vouloir lui reprendre l'objet qu'il emporte sur son épaule.

## LIV. BAS-RELIEF DU PORTAIL DE LA CALENDE. — Deux figures d'homme, l'une porte sur ses épaules un long coffre que le second cherche à lui enlever en s'aidant d'un geste de jambe énergique.

# ROUEN

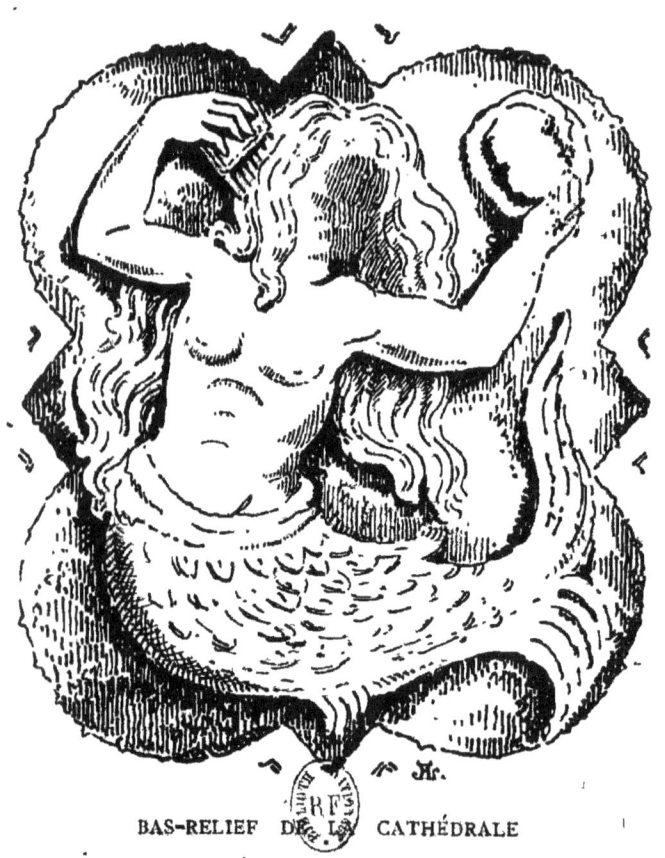

BAS-RELIEF DE LA CATHÉDRALE

*(Portail des Libraires.)*

CATHÉDRALE DE ROUEN *(suite)*.

**LV. BAS-RELIEF DU PORTAIL DES LIBRAIRES.** — Buste d'homme, le visage encadré de boucles de cheveux flottantes et orné d'une barbe demi-longue, la tête entourée de draperies formant capuchon, se terminant brusquement en queue recourbée et supporté par deux pattes d'animal.

**LVI. BAS-RELIEF DU PORTAIL DES LIBRAIRES.** — Figure de sirène, le torse entièrement nu, peignant ses cheveux d'une main, tenant de l'autre un miroir.

**LVII. BAS-RELIEF DU PORTAIL DES LIBRAIRES.** — Figure d'homme, la tête recouverte d'une draperie, se terminant en

CATHÉDRALE DE ROUEN *(suite).*

longue queue et ayant deux pattes de lion.
De la main gauche cette figure tient l'extrémité
de sa longue queue recourbée; de la main
droite elle relève la draperie qui lui enveloppe
la tête de façon à laisser son torse à nu.

LVIII. BAS-RELIEF DU PORTAIL
DES LIBRAIRES. — Figure encapuchonnée
à tête et corps de cochon, jouant d'un instrument de musique (vielle à archet).

Ce bas-relief est reproduit, nous l'avons
déjà dit, dans les *Instruments à archet* de
M. Vidal, d'après une photographie qui n'a
pu fournir au graveur, M. Hillemacher, que
des renseignements insuffisants à cause de la
dégradation actuelle de la pierre et des détails
très-frustes qui tendent à disparaître chaque
jour.

# ROUEN

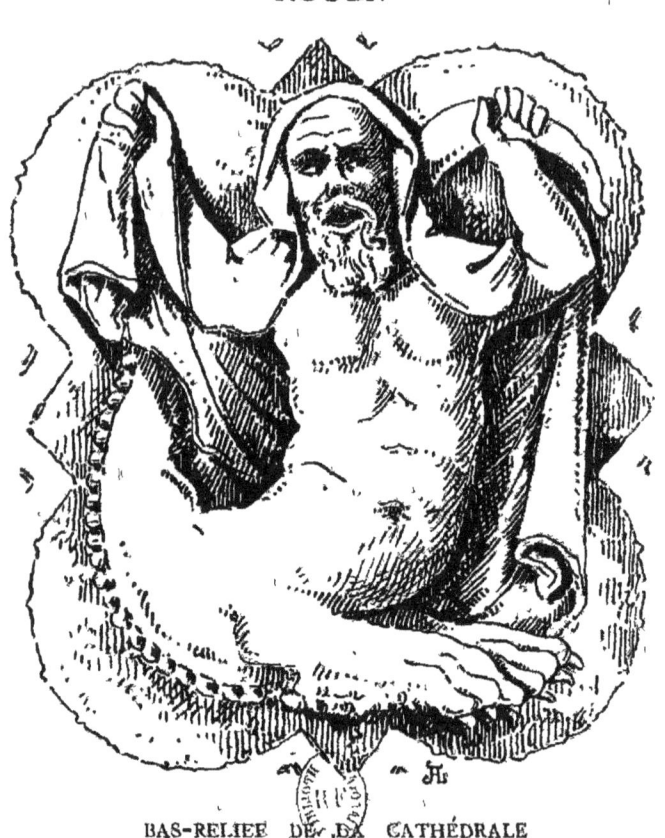

BAS-RELIEF DE LA CATHÉDRALE

*(Portail des Libraires).*

CATHÉDRALE DE ROUEN *(suite).*

« Nous ajouterons que c'est un de ceux les plus délicatement ouvragés. Reproduit ici d'après un moulage communiqué par M. F. Devaux, ce bas-relief est celui que les *ciceroni médaillés* ne manquent jamais de désigner aux touristes qui visitent la Cathédrale sous le titre de : *la Tentation de Saint-Antoine!*

LIX. BAS-RELIEF DU PORTAIL DES LIBRAIRES. — Figure drapée, à tête et extrémités inférieures de cochon, soutenant sa mâchoire de la main gauche, et le bras droit replié derrière le dos.

LX. BAS-RELIEF DU PORTAIL DES LIBRAIRES. — Figure nue à tête de bouc,

CATHÉDRALE DE ROUEN *(suite).*

recouverte d'un manteau laissant apercevoir par son ouverture une partie de l'abdomen et les membres inférieurs qui sont complétement nus, et tenant une cloche de chaque main.

LXI. BAS-RELIEF DU PORTAIL DES LIBRAIRES. — Figure accroupie, à tête d'animal, à longues oreilles et à museau arrondi, tournée de profil. Cette figure est drapée dans un ample manteau, découvrant légèrement la poitrine, les bras et les pieds.

LXII. BAS-RELIEF DU PORTAIL DES LIBRAIRES. — Figure drapée, se terminant brusquement en queue et tenant d'une

# LVIII

# ROUEN

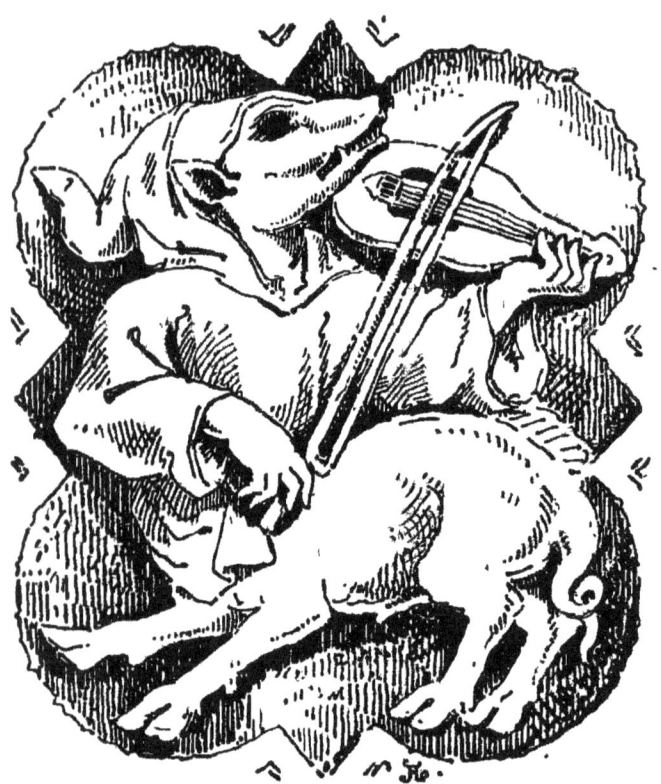

BAS-RELIEF DE LA CATHÉDRALE

*(Portail des Libraires)*.

CATHÉDRALE DE ROUEN *(suite)*.

main une de ses longues oreilles; l'autre étant
dissimulée par la draperie remontant au-dessus du bras gauche.

LXIII. BAS-RELIEF DU PORTAIL
DES LIBRAIRES. — Figure d'oiseau, à tête
de femme, le visage enveloppé d'une draperie
légère, dissimulant la chevelure, et formant de
nombreux plis autour du cou.

LXIV. BAS-RELIEF DU PORTAIL
DES LIBRAIRES. — Figure de femme, se
terminant en croupe d'animal, avec membres
inférieurs de quadrupède. Cette figure s'en-
roule dans un long manteau qui entoure la
tête et découvre légèrement la poitrine. Elle
semble tenir une fleur de la main gauche.

CATHÉDRALE DE ROUEN *(suite).*

LXV. BAS-RELIEF DU PORTAIL DES LIBRAIRES. — Figure de femme, avec membres antérieurs de cheval et se terminant en queue de reptile, tenant d'une main une quenouille et de l'autre un pan de draperie.

LXVI. BAS-RELIEF DU PORTAIL DES LIBRAIRES. — Figure d'homme, à tête de singe, vêtu d'une longue robe à capuchon. La calotte sur la tête laisse dépasser quelques boucles de cheveux.

LXVII. BAS-RELIEF DU PORTAIL DES LIBRAIRES. — Figure à longue chevelure, vêtue d'un manteau, soutenant ses longs cheveux d'une main et ramenant en avant de

## LIX

## ROUEN

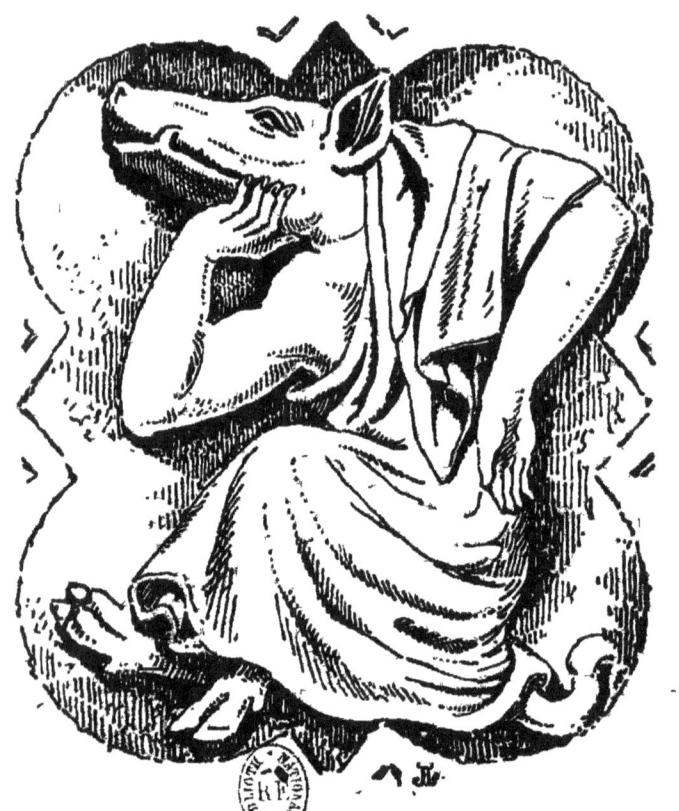

BAS-RELIEF DE LA CATHÉDRALE

*(Portail des Libraires).*

17

CATHÉDRALE DE ROUEN *(suite)*.

l'autre main un énorme appendice caudal lui passant entre les jambes.


LXVIII. BAS-RELIEF DU PORTAIL DES LIBRAIRES.— Figure d'homme, dans une pose analogue à la figure précédente, mais avec membres inférieurs d'animal.


LXIX. BAS-RELIEF DU PORTAIL DES LIBRAIRES. — Figure de vieillard, à longue barbe, la tête enveloppée d'un capuchon, se terminant en monstre ailé à pattes de lion.


LXX. BAS-RELIEF DU PORTAIL

CATHÉDRALE DE ROUEN (*suite*).

DES LIBRAIRES. — Figure monstrueuse à membres antérieurs humains, à pattes de de lion, dans une posture singulière.

LXXI. BAS-RELIEF DU PORTAIL DES LIBRAIRES. — Figure de femme, à buste ailé, tenant dans ses mains l'extrémité d'une queue affectant la forme d'une tête d'animal.

LXXII. BAS-RELIEF DU PORTAIL DES LIBRAIRES. — Figure d'homme, à tête d'animal, armé d'une hache, et vêtu d'un manteau découvrant les bras et une partie de l'épaule.

# ROUEN

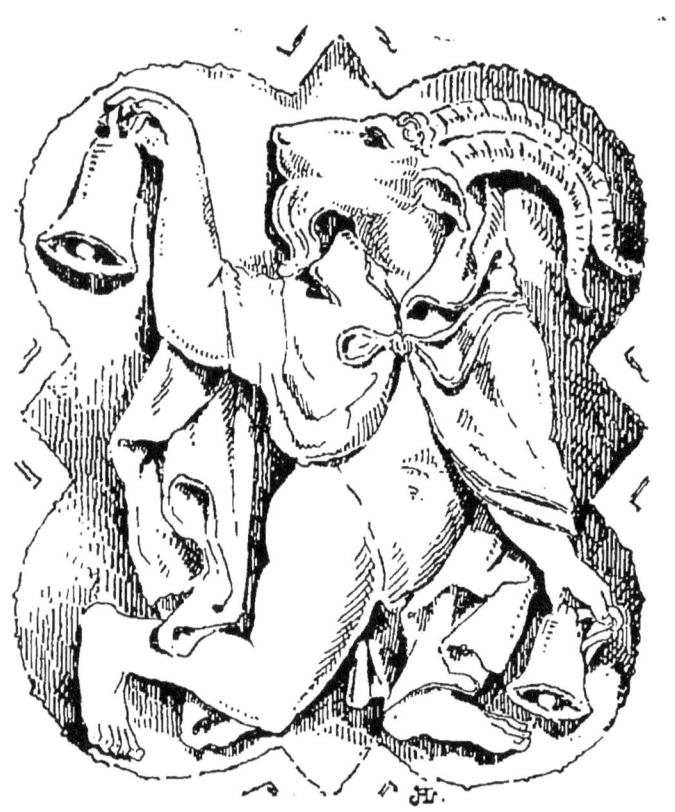

BAS-RELIEF DE LA CATHÉDRALE

*(Portail des Libraires).*

CATHÉDRALE DE ROUEN (*suite*).

## LXXIII. BAS-RELIEF DU PORTAIL DES LIBRAIRES. — Tête de femme, entourée d'un voile, greffée sur un corps monstrueux et supportée par deux pattes d'animal.

## LXXIV. BAS-RELIEF DU PORTAIL DES LIBRAIRES. — Figure d'homme à tête d'animal, drapée d'un manteau lui entourant les épaules et dont un pan lui couvre la partie supérieure de la tête.

## LXXV. BAS-RELIEF DU PORTAIL DES LIBRAIRES. — Figure d'homme nue, vêtue d'un court manteau, tenant un miroir d'une main et, de l'autre main, disposant régulièrement les boucles de sa chevelure.

CATHÉDRALE DE ROUEN (*suite*).

LXXVI. BAS-RELIEF DU PORTAIL DES LIBRAIRES. — Figure drapée, la tête coiffée d'un capuchon à demi-agenouillée et le bas du vêtement entr'ouvert.

LXXVII. BAS-RELIEF DU PORTAIL DE LA CALENDE. — Buste d'homme, sur un corps d'animal, jouant d'un instrument de musique et faisant danser un animal debout sur ses pattes de derrière et dont la tête a disparu.

LXXVIII. BAS-RELIEF DU PORTAIL DES LIBRAIRES. — Figure d'homme à longue barbe, la tête, de grande dimension, est enveloppée d'un capuchon. Cette figure s'arc-boute des pieds et des mains sur un énorme bâton.

# ROUEN

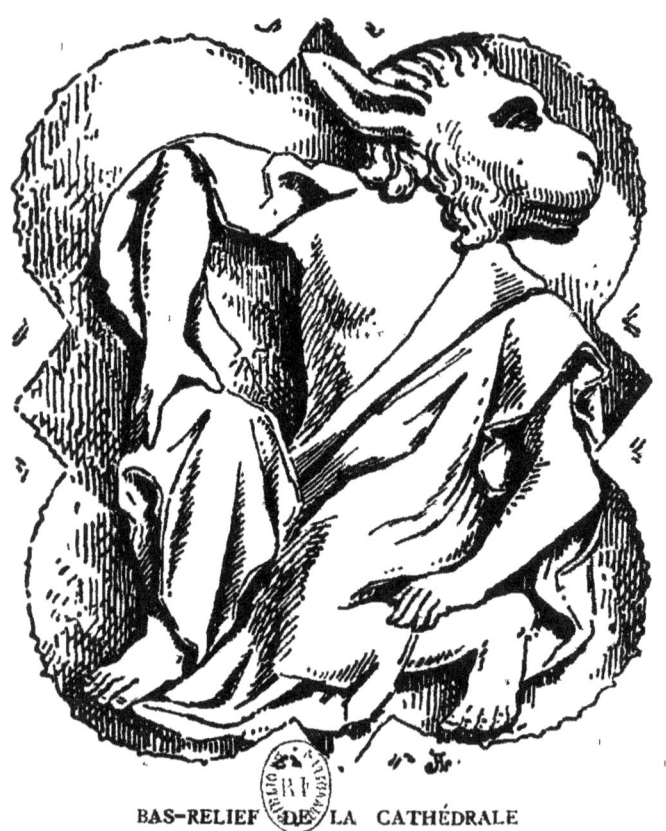

BAS-RELIEF DE LA CATHÉDRALE

*(Portail des Libraires),*

CATHÉDRALE DE ROUEN (*suite*).

## LXXIX. BAS-RELIEF DU PORTAIL DES LIBRAIRES. — Figure, les mains

jointes, délivrée, sur l'intervention d'une main bénissante sortant d'un nuage, d'un monstre dans lequel elle disparaît jusqu'à mi-corps.

## LXXX. BAS-RELIEF DU PORTAIL DES LIBRAIRES. — Figure drapée, coiffée

du chaperon, armée d'une massue, soufflant dans une sorte de corne et se terminant postérieurement par des pattes d'animal.

## LXXXI. BAS-RELIEF DU PORTAIL DES LIBRAIRES. — Figure d'homme avec

long appendice enroulé rejoignant les deux

CATHÉDRALE DE ROUEN (*suite*).

lèvres, le haut du corps couvert d'un manteau à capuchon, le reste nu; une des mains
reposant sur un genou, l'autre tenant une sorte
de martinet formé de trois brins de cordes
garnis de nœuds.

LXXXII. BAS-RELIEF DU PORTAIL
DES LIBRAIRES. — Figure de vieillard,
vêtu d'un manteau, laissant à découvert la
partie inférieure du corps et retenu sur la
poitrine par une agrafe en forme de cœur,
tenant un bouclier d'une main et une masse
ou marteau de l'autre main.

LXXXIII. BAS-RELIEF DU PORTAIL
DES LIBRAIRES. — Figure monstrueuse,

# ROUEN

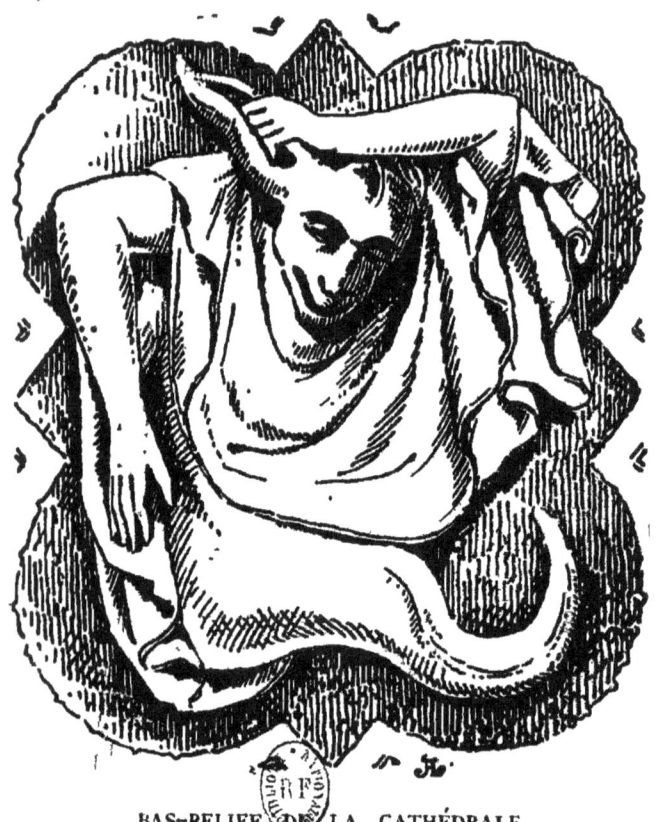

BAS-RELIEF DE LA CATHÉDRALE

*(Portail des Libraires).*

CATHÉDRALE DE ROUEN (*suite*).

la tête coiffée d'un capuchon, le reste du corps nu, avec membres postérieurs d'homme et membres antérieurs de cheval.

LXXXIV. BAS-RELIEF DU PORTAIL DES LIBRAIRES. — Figure d'homme, vêtue, précipitée la tête la première.

LXXXV. BAS-RELIEF DU PORTAIL DES LIBRAIRES. — Figure humaine, à tête d'animal, vêtue d'un manteau formant capuchon et laissant à nu toute la partie inférieure du corps.

LXXXVI. BAS-RELIEF DU POR-

CATHÉDRALE DE ROUEN (*suite*).

TAIL DES LIBRAIRES.—Figure humaine, le buste entièrement nu, sur un corps d'animal, avec membres antérieurs de cheval et membres postérieurs de lion.

LXXXVII. BAS-RELIEF DU PORTAIL DES LIBRAIRES. — Figure humaine, à tête d'animal, tête de chien à longues oreilles, complétement nue, et les pieds chaussés.

LXXXVIII. BAS-RELIEF DU POR-TAIL DES LIBRAIRES. — Figure à tête humaine, sur un corps d'animal, s'entourant d'une draperie d'une main et se bouchant l'oreille de l'autre.

# ROUEN

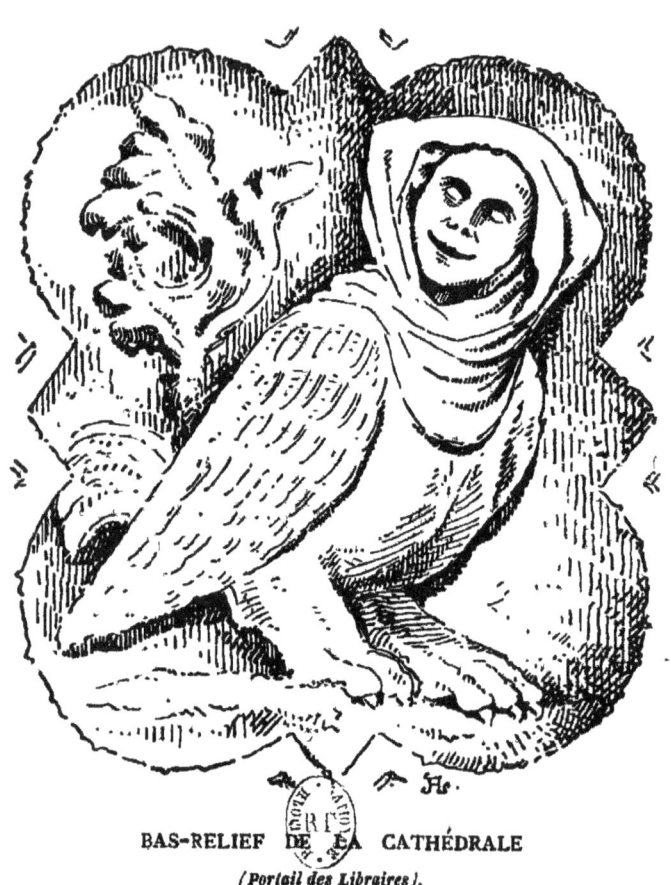

BAS-RELIEF DE LA CATHÉDRALE
*(Portail des Libraires).*

18

CATHÉDRALE DE ROUEN *(suite)*.

LXXXIX. BAS-RELIEF DU PORTAIL DES LIBRAIRES. — Figure de femme, ailée, drapée d'un manteau et se terminant en animal à deux pieds.

XC. BAS-RELIEF DU PORTAIL DES LIBRAIRES. — Figure d'homme, armée d'un arc, la tête enveloppée d'un capuchon, se terminant en monstre à deux pieds.

XCI. BAS-RELIEF DU PORTAIL DES LIBRAIRES. — Figure drapée, les yeux bandés, avec deux ailes sur la tête, soufflant dans un instrument, frappant d'une main sur un disque et se terminant en monstre à pieds humains.

CATHÉDRALE DE ROUEN *(suite).*

XCII. BAS-RELIEF DU PORTAIL DES LIBRAIRES. — Figure d'homme, tête à longs cheveux, couverte d'un bonnet, tenant un vase d'une main et le désignant de l'autre, se terminant en monstre ailé à deux pattes. Une miniature du manuscrit de Jehan Fouquet, éditée par Curmer représente deux figures de docteurs, dont l'une tenant un vase d'une main et coiffée d'un petit bonnet offre une grande ressemblance de costume et d'attitude avec le buste d'homme du bas-relief ci-dessus.

XCIII. BAS-RELIEF DU PORTAIL DES LIBRAIRES. — Figure humaine, à tête d'animal monstrueuse, à longues oreilles, drapée dans un ample manteau.

# ROUEN

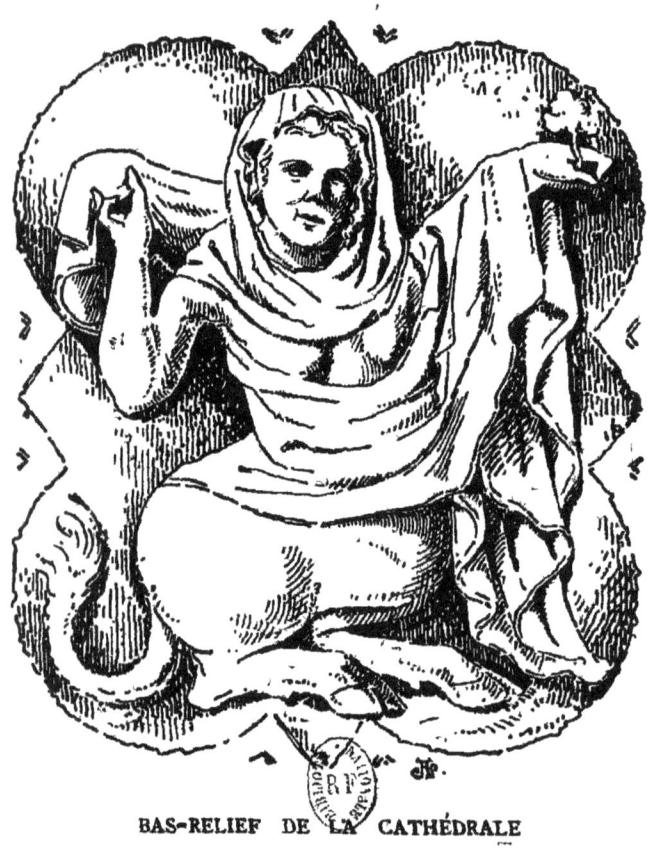

BAS-RELIEF DE LA CATHÉDRALE

*(Portail des Libraires).*

CATHÉDRALE DE ROUEN *(suite)*.

## XCIV. BAS-RELIEF DU PORTAIL DES LIBRAIRES. — Figure humaine, à longues oreilles, armée d'une massue, sur un corps d'animal à quatre pieds.

## XCV. BAS-RELIEF DU PORTAIL DES LIBRAIRES. — Figure de femme, à ailes de chauve-souris, jouant d'un instrument de musique et se terminant en monstre à quatre pieds.

## XCVI. BAS-RELIEF DU PORTAIL DES LIBRAIRES. — Figure à tête monstrueuse et à longues oreilles, ce bas-relief est reproduit avec les quatre écoinsons de ses lobes, remplis de figures d'animaux aidant à

CATHÉDRALE DE ROUEN *(suite)*.

inscrire l'ensemble dans un rectangle. Tous les bas-reliefs du portail des Libraires sont disposés de même, mais l'état fruste de la plupart d'entre eux rend à peine visibles ces détails d'ailleurs fort petits d'exécution.

XCVII. BAS-RELIEF DU PORTAIL DE LA CALENDE. — Figure de femme, la tête entourée de draperies, se terminant en monstre ailé à deux pieds.

XCVIII. BAS-RELIEF DU PORTAIL DES LIBRAIRES. — Figure monstrueuse à membres d'animal, chargée d'une hotte.

XCIX. BAS-RELIEF DU PORTAIL

LXV

# ROUEN

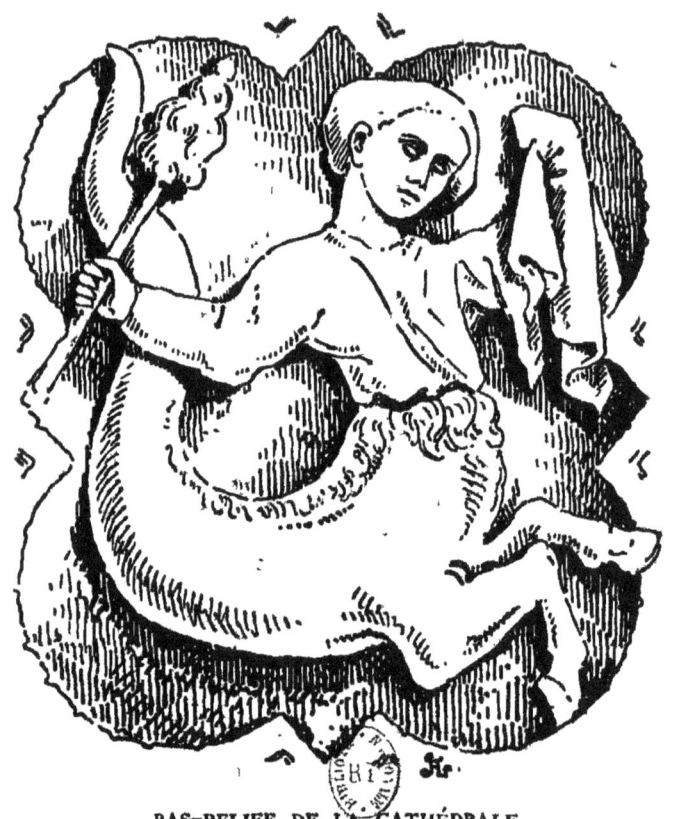

**BAS-RELIEF DE LA CATHÉDRALE**

*(Portail des Libraires).*

CATHÉDRALE DE ROUEN *(suite).*

**DES LIBRAIRES.** — Specimen des très-petits sujets placés à la base des grands bas-reliefs reproduits ci-dessus et formant une sorte de frise au-dessus des moulures du socle. L'un de ces deux bas-reliefs reproduit trois petites figures en pied; le second, trois têtes grotesques. Ces petits sujets d'une exécution très-délicate ne mesurent pas plus de sept à huit centimètres de hauteur.

### ABBAYE DE SAINT-WANDRILLE

(PRÈS CAUDEBEC-EN-CAUX).

· **C. MOTIF DE SCULPTURE.**—(*Figure du Lavabo du Cloître*). — Tête riante, enca-puchonnée et à longues oreilles, tenant un verre d'une main. L'ensemble est entouré d'un

## ABBAYE DE SAINT-WANDRILLE

(près caudebec-en-caux) [*suite*].

feuillage ornemental remplissant le vide de ce petit tympan. Cette figure grotesque, qui termine le couronnement de ce lavabo, a été dessinée et gravée par M^lle Espérance Langlois, et c'est celle que Victor Hugo, dans son Chapitre de *Notre-Dame de Paris*, attribue par erreur à l'abbaye de Saint-Georges de Boscherville.

# LXVI

# ROUEN

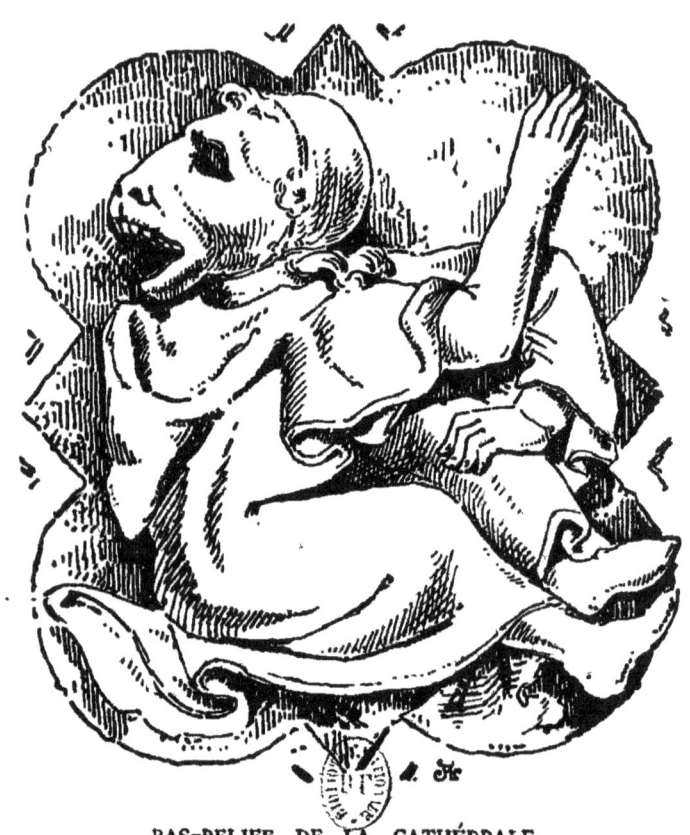

BAS-RELIEF DE LA CATHÉDRALE

*(Portail des Libraires).*

# BIBLIOGRAPHIE

## ARCHÉOLOGIQUE

*Catalogue alphabétique des principaux ouvrages*

*ayant trait au symbolisme*

*et à la sculpture du moyen-âge.*

Si « l'archéologie, comme le dit M. Champ-fleury dans la préface de son *Histoire de la Caricature au moyen-âge*, n'a posé ses premiers jalons que depuis la Restauration, » il faut convenir que jamais savants n'ont été plus actifs et plus travailleurs que les archéologues.

Ce qu'on a publié de volumes et de brochures dans cet espace de temps, relativement fort court, cela est innombrable. Ajoutant à ces récentes publications quelques curieux volumes dûs à des auteurs qui semblent avoir prévu l'archéologie bien avant le complet développement de cette science toute moderne, on formerait déjà une Bibliographie fort respectable au double point de vue du nombre et de l'intérêt.

Loin de nous l'idée de faire une *Bibliographie archéologique* même incomplète; la tâche serait tout à la fois d'ailleurs au-dessus de nos moyens et complétement en dehors de cette publication; mais il nous a paru utile de présenter, réunis et classés, suivant leur ordre alphabétique, tous les volumes — et même les principaux articles des revues spéciales — que nous avons dû d'ailleurs consulter pour la plupart — et qui se rapportent plus ou moins spécialement à notre sujet.

En publiant à la fin de notre volume cette Bibliographie Archéologique dans laquelle nous nous sommes attachés à faire figurer les publications qui, soit directement, soit indirectement se rapportaient aux sculptures gro-

# LXVII

## ROUEN

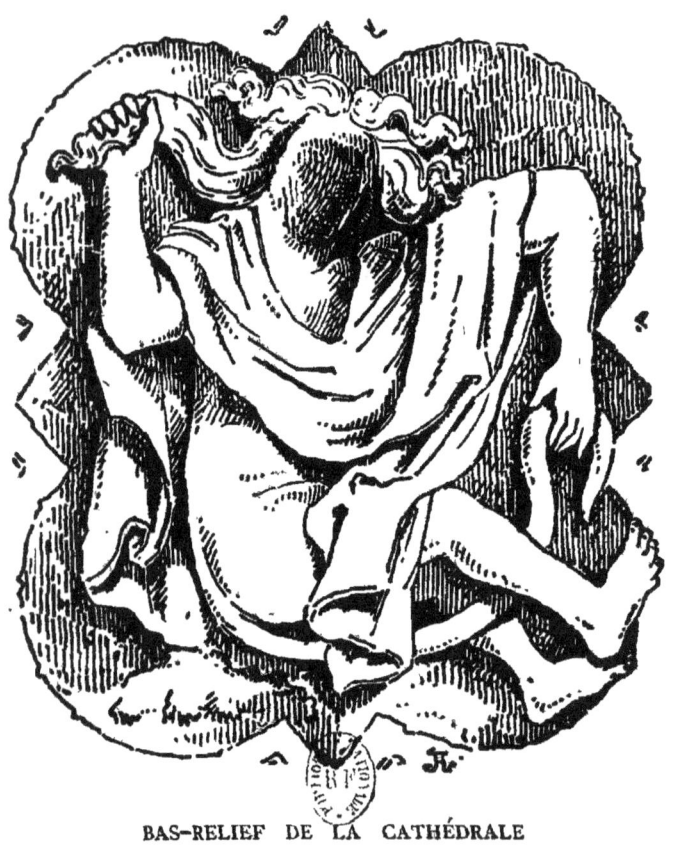

BAS-RELIEF DE LA CATHÉDRALE

*(Portail des Libraires).*

19

tesques et symboliques du moyen-âge, nous espérons deux choses. D'abord éviter au bibliophile le travail à la fois fastidieux et long auquel nous avons dû nous livrer pour rechercher les principaux articles des revues dans lesquelles des travaux originaux ont été publiés ; ensuite, signaler au curieux, bon nombre de mémoires qui piqueront sa curiosité et dont la lecture lui permettra de faire, en connaissance de cause, un choix entre les théories des symbolisateurs à outrance et l'opinion d'un petit groupe pour lequel la plupart de ces sculptures ne sont que des caprices et des gausseries d'ymaigiers.

## BIBLIOGRAPHIE

**ADAMS.** — Recueil de sculptures gothiques, d'après les plus beaux monuments construits en France du xı<sup>e</sup> au xv<sup>e</sup> siècle.

*Gargouilles, chapiteaux, etc.,* grand in-fol.

AUBER (l'abbé). — Histoire et théorie du symbolisme religieux.

*Revue de l'Art chrétien,* t. 10, 1866.

— De *l'An Mil* et de son influence prétendue sur l'architecture religieuse, in-8, 13 p.

— Symbolisme des sciences.

*Revue de l'Art chrétien,* t. 12, 1868.

— Démonologie monumentale.

*Revue de l'Art chrétien,* t. 14, 1870-71.

— Le clergé et l'archéologie.

*Revue de l'Art chrétien,* t. 20, 1875.

— Des *Obscœna.*

*Revue de l'Art chrétien,* t. 15, 1872.

— Considérations sur l'histoire du symbolisme chrétien, ses causes, ses développements et sa décadence.

*Bulletin monumental,* t. 23, 1857.

— Des modillons dans l'architecture chrétienne et en particulier de ceux de la nouvelle

## LXVIII

## ROUEN

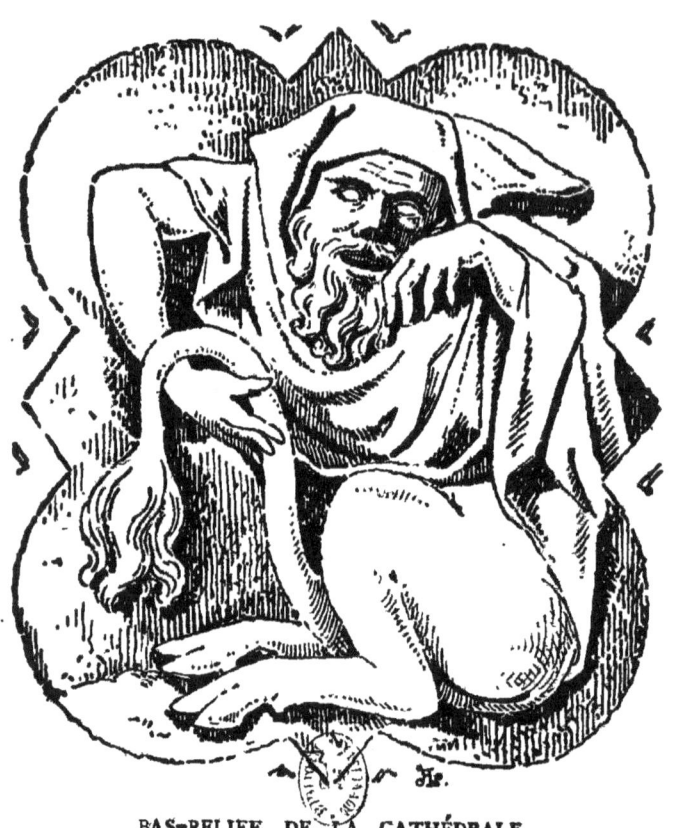

BAS-RELIEF DE LA CATHÉDRALE

*(Portail des Libraires),*

BIBLIOGRAPHIE.                 AUBER (l'abbé).

façade de l'église Saint-Jacques, de Châtellé-
rault.

*Bulletin monumental*, t. 29, 1863.

— Table générale analytique et raisonnée
du *Bulletin monumental*.

2 vol. in-8, 1851 et 1861.

Cette table générale comprend jusqu'à présent une période de vingt années — la première
période du *Bulletin monumental* — celle où se
sont produits d'ailleurs le plus grand nombre
de travaux de longue haleine.

Nous en avons extrait suivant l'ordre alphabétique les mots se rapportant plus spécialement à notre sujet.

En consultant ces volumes, dont l'auteur
indique les pages et les tomes (en chiffres
romains), on trouvera rapidement de forts
curieux renseignements sur l'une des plus
importantes questions de l'archéologie et qui
compléteront à merveille les documents four-

BIBLIOGRAPHIE. AUBER (l'abbé).

nis par les nombreux volumes mentionnés
dans cette bibliographie.

Toutefois, l'énoncé même de ces renseignements indiquera, croyons-nous, suffisamment
au lecteur à quel point de vue le savant auteur
s'est placé pour exécuter son travail; et s'il lui
était possible de feuilleter lui-même ces volumes
de tables—ainsi que nous l'avons fait d'ailleurs
et pour lui éviter cette besogne; — il ne lui
resterait aucun doute après avoir lu les lignes
consacrées à Dulaure ce « compilateur voltai-
rien de la fin du xviii^e siècle, qui calomnia
systématiquement l'archéologie chrétienne, »
et à Chenavard ce « peintre romancier de la
République de 1848, » dont on ne saurait
trop blâmer, suivant M. l'abbé Auber, « l'im-
morale impiété et l'immondice des détails de
ce scandaleux plan de peintures » pour la
décoration du Panthéon dont le « feuille-
toniste Théophile Gautier, » c'est toujours le

## LXIX

## ROUEN

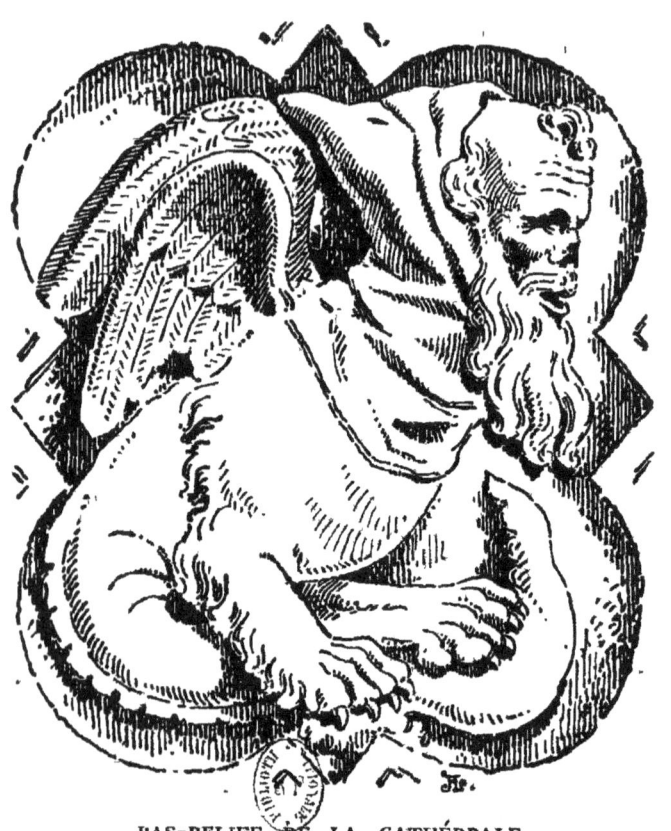

**BAS-RELIEF DE LA CATHÉDRALE**

*(Portail des Libraires).*

BIBLIOGRAPHIE.         'AUBER (l'abbé).

même auteur qui parle, « a fait une apologie non moins scandaleuse » !

Extrait de la table analytique du *Bulletin monumental*

# ROUEN

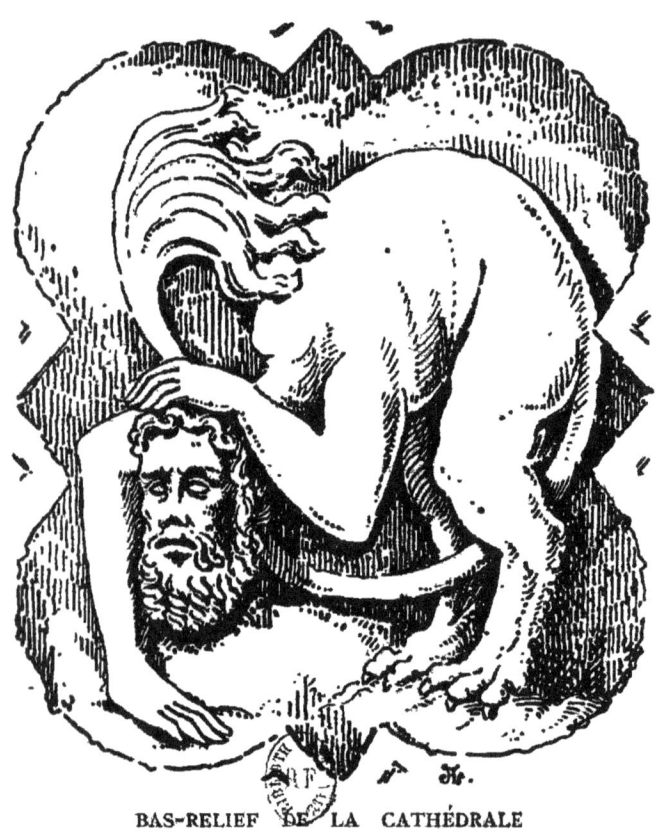

BAS-RELIEF DE LA CATHÉDRALE

*(Portail des Libraires).*

# ROUEN

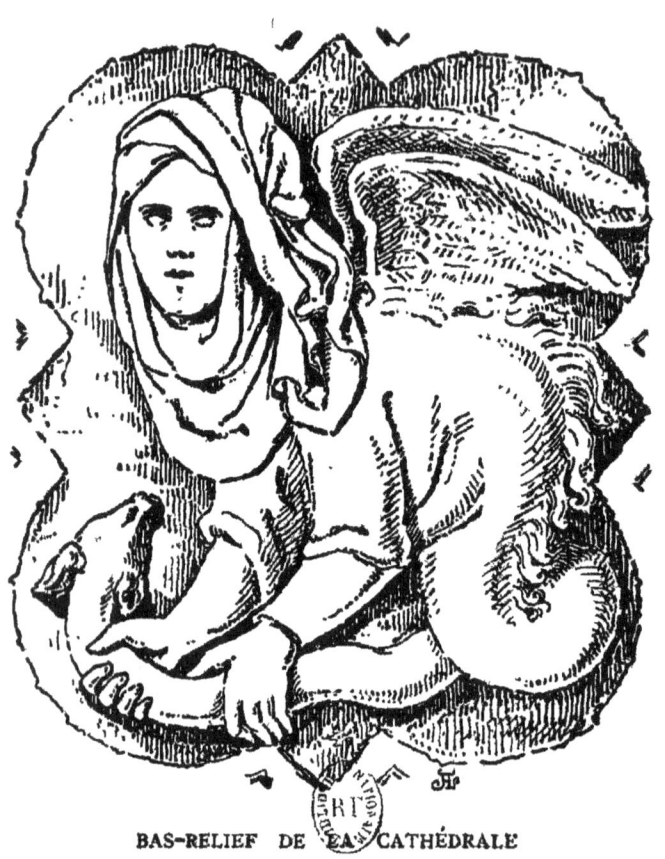

BAS-RELIEF DE LA CATHÉDRALE

*(Portail des Libraires).*

BIBLIOGRAPHIE.               AUBER (l'abbé).

*Ecriture Sainte.* — Textes bibliques expliqués symboliquement, XI, 168.

— Faits iconographiques, tirés de l'Ecriture comme source du symbolisme, XI, 448; XIV, 173; XIX, 551; XX, 454.

— Fausses interprétations données à des faits symboliques faute de textes bibliques ou patrologiques méconnus ou oubliés, XI, 263; XII, 172.

— Légendes historiques fondées sur des faits bibliques altérés, XIX, 555.

*Enfer.* — Son iconographie dans la sculpture, XII, 6; XIV, 120; XVIII, 481.

*Erreurs.* — Erreurs de M. de Villers réprouvant dans la sculpture chrétienne du xiiᵉ siècle, des sujets dits *burlesques*, dont le sens est pourtant fort sérieux, XII, 526.

*Esthétique.* — Sens mystérieux et moral de l'iconographie décorative, XI, 430; XII, 270; XIII, 321; XIV, 3, 226; XV, 435.

— Ce sens méconnu en dehors des études

# LXXII

# ROUEN

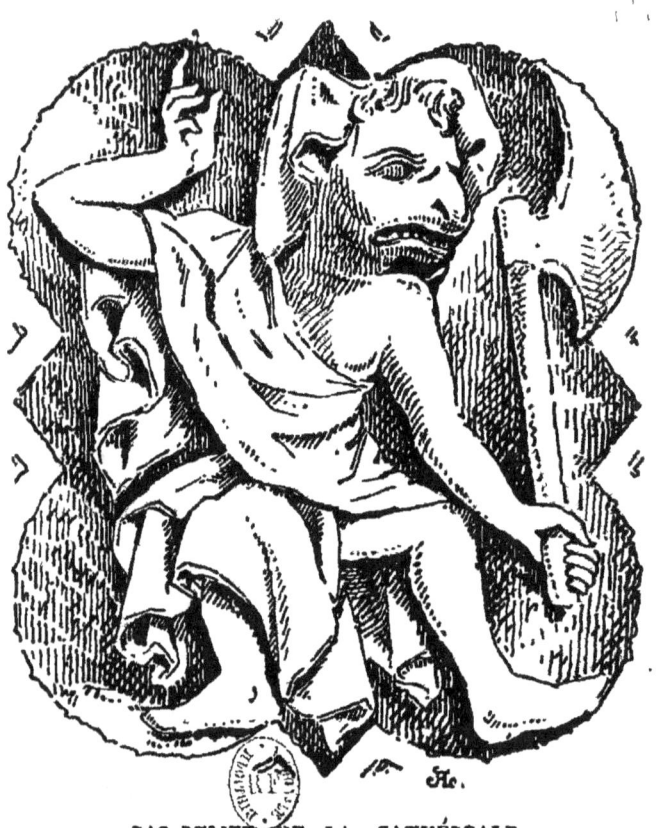

BAS-RELIEF DE LA CATHÉDRALE

*(Portail des Libraires).*

BIBLIOGRAPHIE.                    AUBER (l'abbé).

*Francs-Maçons.* — Association religieuse du moyen-âge pour la construction des églises. Incertitude des données historiques à cet égard, XII, 8, 157 ; XX, 338, 344.

— Ils bâtissaient d'après des données symboliques imposées d'avance, XIII, 336.

— Leurs associations expliquent les ressemblances des types d'architecture ou de sculpture dans les contrées les plus éloignées, XIII, 548; XX, 629.

*Gargouilles.* —Monstres symboliques, emblêmes du paganisme vaincu par la religion à Rouen, XIII, 294; XVII, 37.

— Imitation de ces animaux chimériques pour conduire les eaux des toitures, XVI, 447.

*Georges de Boscherville (Saint).* Abbaye et souvenirs historiques, XV, 311, XIX, 305.

— Son style, plan général et détails du monastère, XV, 317; XIX, 641 ; XX, 353 ; XIX, 411.

BIBLIOGRAPHIE.                    AUBER (l'abbé).

*Harpie.* — Oiseau fabuleux, employé dans l'iconographie du moyen-âge, ce qu'en dit Virgile, XVIII, 36.

— Symbolisme de cet être fantastique et ses formes, XIX, 455.

*Hercule.* — Il signifie la force morale de Samson dans quelques monuments du moyen-âge, XIV, 376.

*Hérésies.* — Que l'ignorance du dogme introduit quelquefois dans l'art, XIV, 129, 224.

*Hérisson.* — Symbole du démon dans l'iconographie chrétienne.

*Hibou.* — Symbole de l'envie et de l'incrédulité, XIV, 252; XVII, 360; XIV, 291, 327.

*Histoire.* — L'histoire profane ne doit pas être cherchée dans les sculptures des églises, toutes tirées de sujets sacrés ou symboliques, XI, 501, 506 (1).

(1) Le lecteur ne devra pas perdre de vue en lisant ces lignes qu'il existe plusieurs représentations du Lai d'A-

# ROUEN

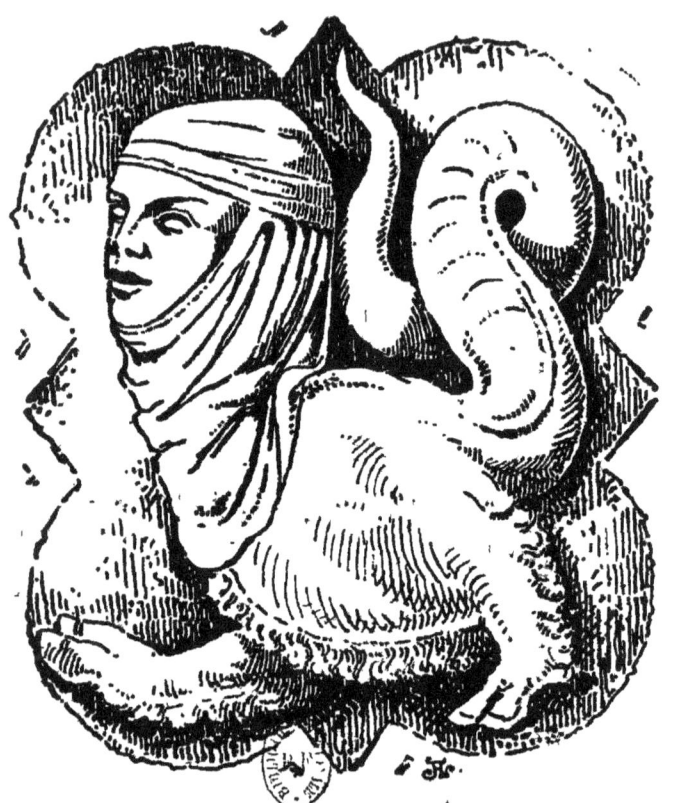

**BAS-RELIEF DE LA CATHÉDRALE**

*(Portail des Libraires).*

BIBLIOGRAPHIE.                    AUBER (l'abbé).

*Iconographie chrétienne.* — On ne peut admettre la fantaisie de l'artiste dans les sujets qu'elle représente, XI, 158, 262; XII, 289, 684; XVIII, 483.

— Inspirée par le symbolisme de l'Ecriture et des Pères, XI, 160; XII, 684; XIV, 6, 233; XIX, 527; XX, 454.

— Idée d'ensemble qui préside à ses grandes compositions, XI, 176, 305, 430; XII, 223, 416; XIV, 281; XVI, 293, 303.

— L'iconographie n'est qu'une méthode d'enseignement, XI, 178, 264, 431; XII, 73; XIII, 646; XIV, 6, 160, 225, 237, 305; XVI, 596.

— A été inspirée et surveillée toujours par l'Eglise au moyen-âge, XI, 262; XII, 39, 684; XIV, 16, 80.

ristote et de nombreux sujets qui paraissent avoir été inspirés par les métamorphoses d'Ovide (André Pottier, de Guilhermy, de Caumont, etc.).

BIBLIOGRAPHIE.            AUBER (l'abbé).

*Iconographie chrétienne* (suite). — Bizarre-
ries apparentes empruntées à la mythologie
allégorique et prises dans un sens chrétien,
XII, 98; XIV, 16, 98; XV, 48; XVIII, 480.

— L'iconographie aux xıᵉ, xııᵉ, xıııᵉ siècles,
XIV, 87, 116, 124; XIX, 523.

— Les hommes et les choses de l'histoire
profane admis quelquefois dans l'iconographie
religieuse, XIV, 140, 264, 281.

— Etudes indispensables pour mener à l'intelligence des images chrétiennes, XIV, 281.

— Questions relatives à un cours d'iconographie, XIII, 573.

*Idolâtrie.* — Vice opposé à la foi, son iconographie symbolique, XI, 438; XIV, 242,
243.

— Dangers de l'idolâtrie dissipés par l'iconographie chrétienne, XIV, 12.

*Légendes.* — Respect qu'elles méritent de
la part du chrétien, XI, 188; XIII, 414.

# ROUEN

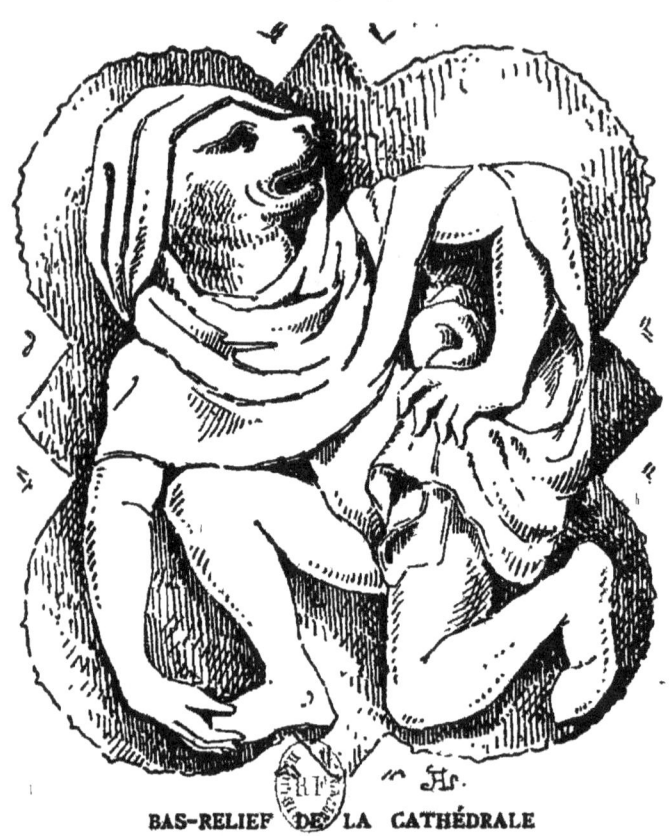

BAS-RELIEF DE LA CATHÉDRALE

*(Portail des Libraires),*

BIBLIOGRAPHIE.                AUBER (l'abbé).

*Légendes* (suite). — Leur importance dans l'étude de l'iconographie, XIV, 280 ; XVII, 521.

— Adoptées au xiiiᵉ siècle dans l'iconographie générale des églises, XIV, 24.

— Quelles notions doivent faciliter l'étude des légendes, XIV, 281.

— Origine probable des superstitions populaires sur les fées, les sylphes (sans préjudice de ce qu'en doit expliquer la démonologie), XIII, 501 ; XV, 381.

*Léopard.* — Son caractère symbolique, d'après l'apocalypse, XIV, 290, 327.

*Licorne.* — Symbole de la chasteté de la puissance, XIV, 277, 328.

*Lièvre.* — Symbole de la peur, XI, 454 ; XIV, 417.

*Lion.* — Symbolisme de cet animal et auteurs qui en parlent, XI, 195 ; XIV, 328 ; XVI, 491 ; XIX, 299 ; XX, 555.

# ROUEN

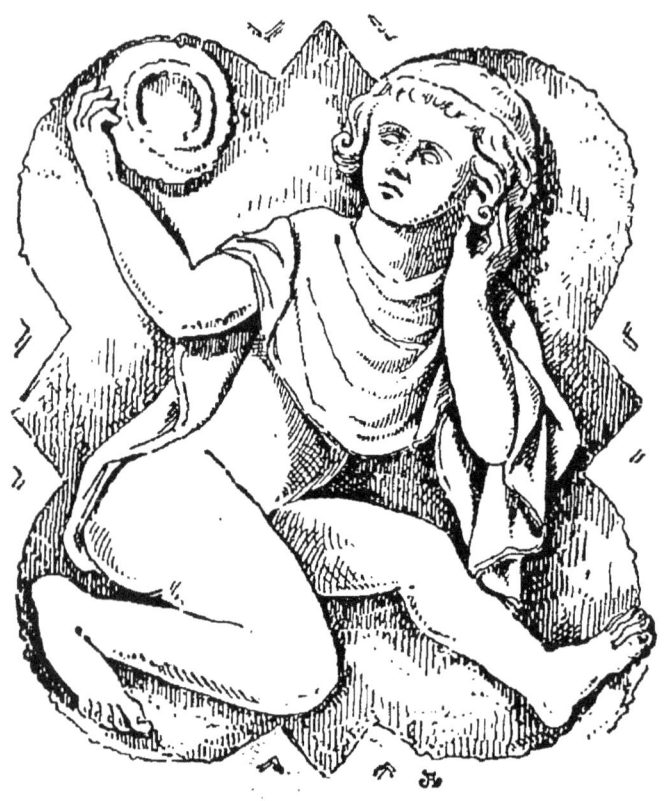

BAS-RELIEF DE LA CATHÉDRALE

*(Portail des Libraires).*

21

# ROUEN

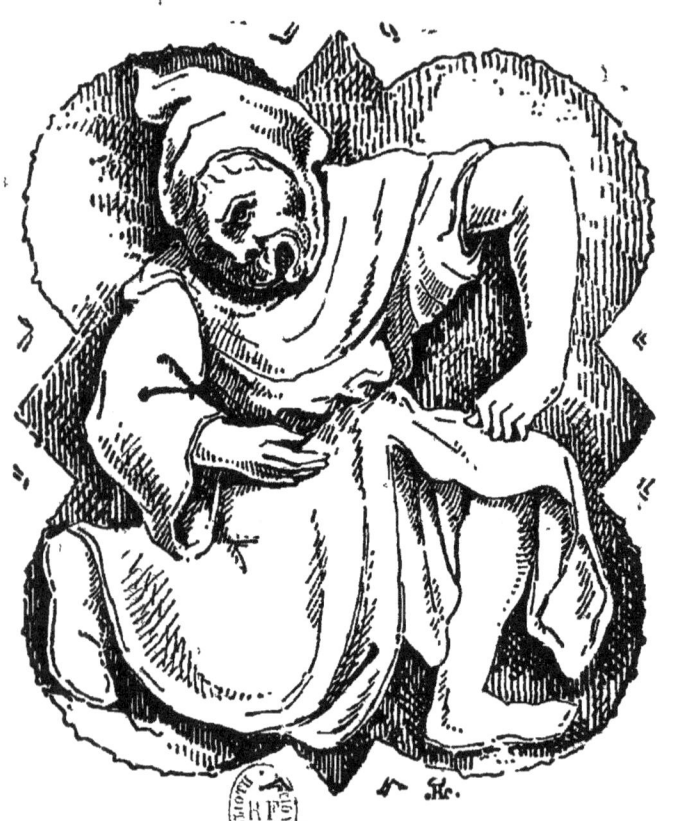

BAS-RELIEF DE LA CATHÉDRALE

*(Portail des Libraires).*

*Oiseaux* (suite). — Oiseaux à têtes humaines et hybrides, **XIV**, 293; **XVI**, 492; **XIII**, 634; **XVI**, 490, 492.

*Orgueil*. — Orgueil des sots, symbolisé par l'âne qui pince de la harpe, par le singe qui joue du violon, **XVI**, 492; **XVII**, 36o.

— Etude des symboles divers de l'orgueil, **XIV**, 255.

*Paganisme*. — Types de l'idolâtrie dans l'iconographie chrétienne, **XIV**, 120; **XX**, 357.

— Comment l'Eglise emprunte au paganisme des sujets d'ornementation en leur donnant un sens chrétien, **XIV**, 16.

*Péchés capitaux*. — Mémoires sur leurs représentations symboliques, **XI**, 177; **XIV**, 252; **XVII**, 36o.

*Pélican*. — Symbole de Jésus-Christ, **XI**, 172; **XIV**, 36.

*Prophètes*. — Leur rôle dans l'iconographie chrétienne, **XI**, 149; **XII**, 520; **XVIII**, 278.

# LXXVII

# ROUEN

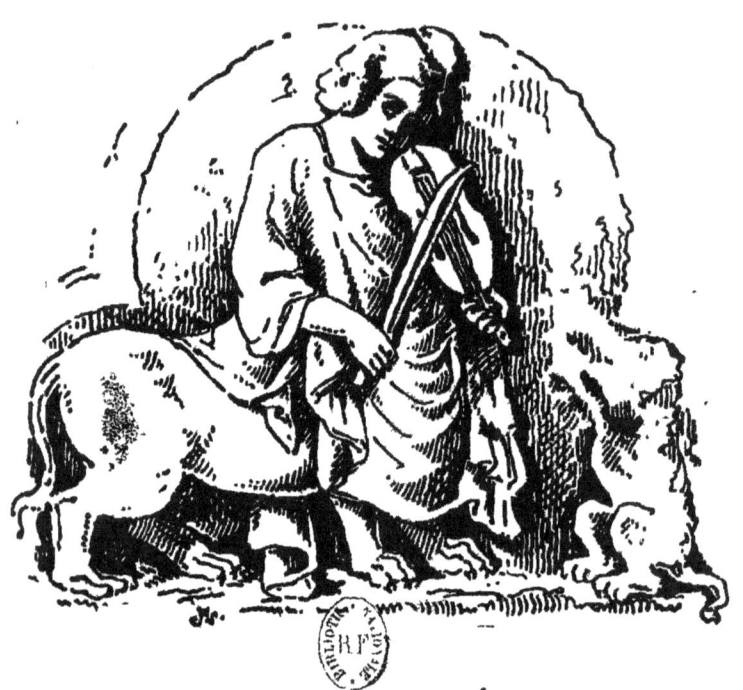

**BAS=RELIEF DE LA CATHÉDRALE**

*(Portail des Libraires).*

BIBLIOGRAPHIE. AUBER (l'abbé).

*Symbolisme.* — Règles observées par les symbolistes du moyen-âge pour l'interprétation de leurs sujets iconographiques; ils représentaient l'auteur sacré à côté du symbole qu'ils lui empruntaient, XI, 172, 561, XVI, 493.

— Le xiiiᵉ siècle établit pour le statuaire un grand nombre de symboles inconnus jusqu'alors, XI, 287 ; XIII, 117; XIV, 226.

— Auteurs à consulter pour l'histoire et la théorie du symbolisme, XIII, 322.

*Vertus.* — Antagonisme des vices et des vertus, XIV, 187, 436.

— Les vertus symbolisées comme les vices par des animaux de caractères divers, XIV, 290; XVIII, 479; XX, 555.

*Vices.* — Effet moral recherché dans leur iconographie, XIV, 160, 169, 240.

— Les vices symbolisés par certains animaux méchants ou immondes, XIV, 290.

BIBLIOGRAPHIE.                    AU-AY

AUDSLEY (W.). — Manuel du symbolisme chrétien. Londres, 1865.

AYZAC (M$^{me}$ Félicie d'). — Zoologie mystique du moyen-âge (l'agneau, l'antilope, le hérisson, l'onagre, le dauphin, la brebis, le bélier, le bouc, la chèvre, le chat, etc.)
   *Revue de l'Art chrétien*, t. 6-7 et suiv., 1862, 1863, 1867, 1868.
   — Iconographie du dragon (dragon-âne, dragon-oiseau, etc., etc.), in-8, 75 p.
   — Du symbolisme du griffon dans l'art chrétien du moyen-âge.
   *Revue de l'Art chrétien*, t. 4, 1860.
   — De la démonologie monumentale dans l'art chrétien du moyen-âge.
   *Revue de l'Art chrétien*, t. 5, 1861.
   — Des signes de la main et de la dactylogie numérale dans l'art chrétien.
   *Revue de l'Art chrétien*, t. 12, 1869.

# ROUEN

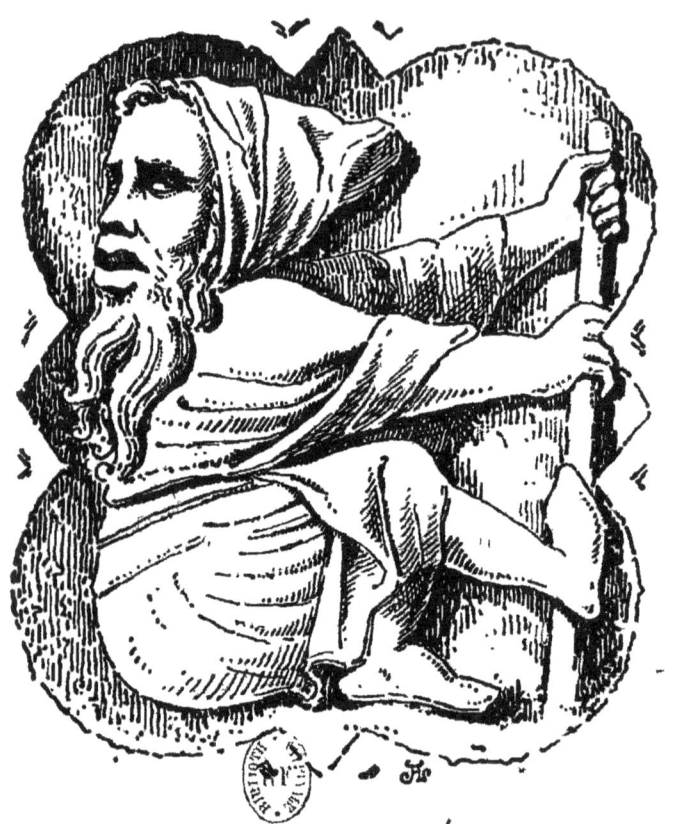

BAS-RELIEF DE LA CATHÉDRALE

*(Portail des Libraires).*

AYZAC (M^{me} Félicie d'). — L'homme, étude d'archéologie mystique.
*Revue de l'Art chrétien,* t. 16, 1873.
— Etude d'archéologie mystique sur les maladies et les difformités corporelles.
*Revue de l'Art chrétien,* t. 17-18, 1874.

BAECKER (Louis de). — Pénalité et iconographie de la calomnie.
*Revue de l'Art chrétien,* t. 1, 1857.
— L'art dramatique chrétien dans le **Nord** de la France.
*Revue de l'Art chrétien,* t. 3, 1859.

BARBIER DE MONTAULT. — Du symbolisme chrétien dans les œuvres d'art.
— Iconographie des vertus à Rome.
*Revue de l'Art chrétien,* t. 7, 1863.

BIBLIOGRAPHIE                BA-BE

BARBIER DE MONTAULT. — Icono-
graphie des sybilles.
.*Revue de l'Art.chrétien*, t. 13, 1869.
— Symbolisme d'une façade d'église en
style du xıı° siècle.,
*Revue de l'Art chrétien*, t. 16, 1873.
— Sur la représentation des zodiaques.
*Bulletin monumental*, t. 23, 1857.

BARD (Joseph). — Recherches sur les
premières représentations du crucifix et les
premières peintures hiératiques.
*Bulletin monumental*, t. 10, 1844.

BERGER DE XIVREY. — Tradition :
tératologiques. Sens symbolique des monstres
fabuleux et absurdités apparentes de l'histoire
naturelle au moyen-âge. Paris, 1836.

# ROUEN

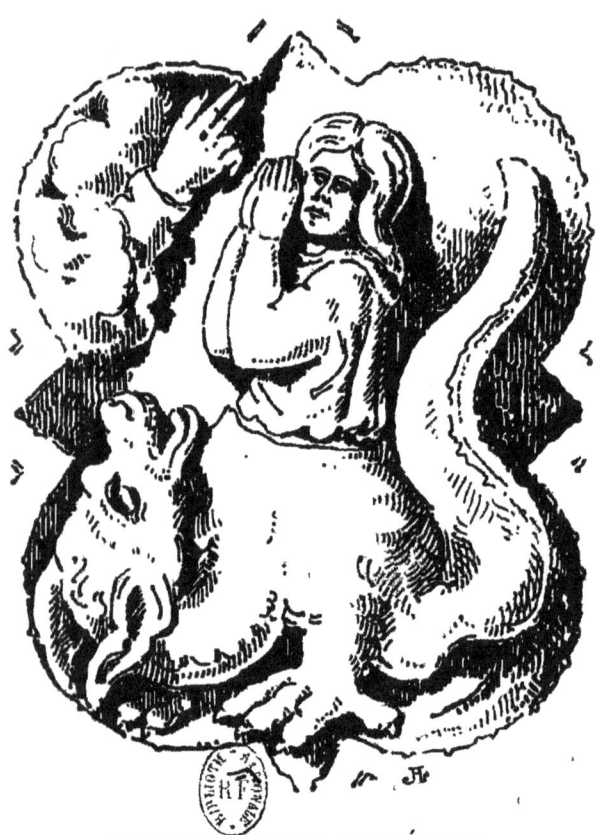

BAS-RELIEF DE LA CATHÉDRALE

*(Portail des Libraires).*

22

.

BIBLIOGRAPHIE.                    BO-CA

BONETTY. — Annales de philosophie chrétienne.

BONET. — Coup d'œil architectonique sur les églises de Fécamp, d'Etretat, de Jumiéges et de Boscherville (Seine-Inférieure).
*Bulletin monumental,* t. 33, 1867. .

BRANCHE (Dominique). — Blason des corporations de métiers.
*Annales archéologiques,* t. 3, 1845.

•BREUIL (Aug.). — De quelques prétendues satires anti-cléricales dans les sculptures du moyen-âge.
*Revue de l'Art chrétien,* t. 2, 1859.

CAHIER (le P.). — Les caractéristiques des saints. Paris, 1865.

BIBLIOGRAPHIE. CA

CAHIER ET MARTIN (les PP.). —
Mélanges d'archéologie. Paris, 1847-1856,
— suite 1868, — nouveaux 1874-1877.
*Curiosités mystérieuses*, t. 1.

CAMPION. — Catalogue des attributs
emblématiques des différents saints (trad. du
Bulletin de la société Anglaise pour la conser-
vation des monuments).
*Bulletin monumental*, t. 12, 1846.

CARTIER. — Du symbolisme chrétien
dans l'art. Tours, 1847.

CAUMONT (A. de). — Abécédaire ou
rudiment d'archéologie.
— Aperçu sur le synchronisme de l'ar-

# LXXX

## ROUEN

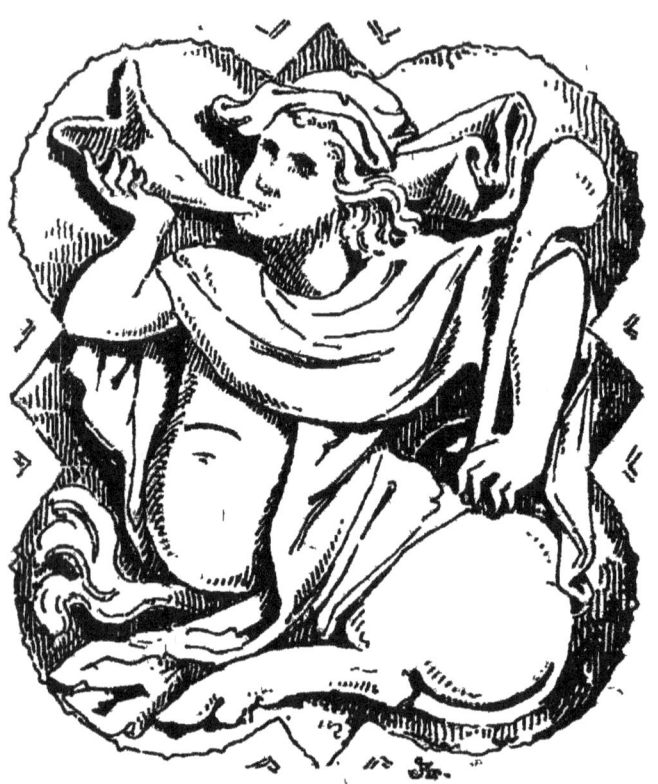

BAS-RELIEF DE LA CATHÉDRALE

*(Portail des Libraires).*

chitecture romaine ou bysantine dans les provinces de France.

*Bulletin monumental*, t. 5, 1839.

— Lettre à M. l'abbé Auber sur les sculp-
tures symboliques des XI<sup>e</sup> et XII<sup>e</sup> siècles.

*Bulletin monumental*, t. 36, 1870.

CANEL (A.). — Recherches sur les Fous.
Paris, 1873.

CHAMPFLEURY. — Histoire de la caricature au moyen-âge. Paris, 1871.

CLÉMENT (Félix). — L'âne au moyen-
âge.

*Annales archéologiques*, t. 15-16.

BIBLIOGRAPHIE. CL-CO

CLÉMENT (Félix). — Des formes hiératiques et de leur influence sur le progrès des
arts.
*Revue de l'Art chrétien*, t. 19, 1875.

COCHET (l'abbé). — Eglises de l'arrondis-
sement de Dieppe.
— Répertoire archéologique de la Seine-
Inférieure.

COFFINET (l'abbé). — Iconographie (recherches archéologiques et historiques sur les
attributs de Saint-Antoine). In-8, 46 p.

COLLIN DE PLANCY. — Dictionnaire
infernal. Répertoire universel des êtres, personnages, livres, faits et choses qui tiennent
aux esprits, démons, etc. In-8, 700 p.

# LXXXI

## ROUEN

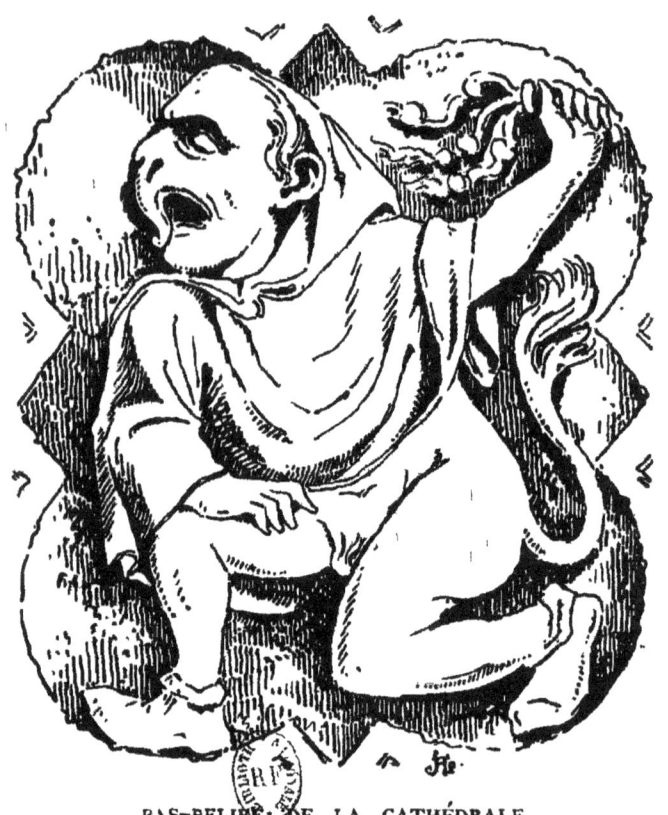

BAS-RELIEF DE LA CATHÉDRALE

*(Portail des Libraires),*

CORBLET (l'abbé J.). — De l'art catholique.

*Revue de l'Art chrétien,* t. 1, 1857.

— L'architecture du moyen-âge, jugée par les écrivains des deux derniers siècles.

*Revue de l'Art chrétien,* t. 3, 1859.

— Précis de l'histoire de l'art chrétien en France et en Belgique, avant le règne de Charlemagne.

*Revue de l'Art chrétien,* t. 4, 1860.

— L'architecture chrétienne du xii$^r$ siècle en France et en Belgique.

— L'architecture chrétienne du xiii$^e$ siècle.

*Revue de l'Art chrétien,* t. 6-7, 1862-1863.

— La sculpture chrétienne au xiii$^e$ siècle.

*Revue de l'Art chrétien,* t. 8, 1864.

— La sculpture chrétienne au xiv$^e$ siècle.

*Revue de l'Art chrétien,* t. 12, 1868.

— L'architecture chrétienne au xv$^r$ siècle.

BIBLIOGRAPHIE.          CORBLET (l'abbé).

CORBLET (l'abbé J.). — La sculpture au
xvᵉ siècle.

*Revue de l'Art chrétien,* t. 15, 1872.

— L'architecture du xviᵉ siècle.

— Vocabulaire des symboles et attributs de
l'iconographie chrétienne.

Paris, in-8, 1877.

Publié d'abord dans la *Revue de l'Art
chrétien,* cet ouvrage, tiré à petit nombre,
est précédé d'une courte préface dans laquelle
l'auteur avoue lui-même que « le symbolisme
à la fois poétique et populaire vit surtout
son vocabulaire s'accroître aux xiiᵉ et
xiiiᵉ siècles, époque où les Bestiaires étaient
si en vogue ; mais que cet ingénieux langage
dégénéra au xvᵉ siècle et bientôt même ne
fut compris ni des artistes ni des fidèles. »

Il est bon à noter aussi, qu'après avoir cité

# LXXXII

# ROUEN

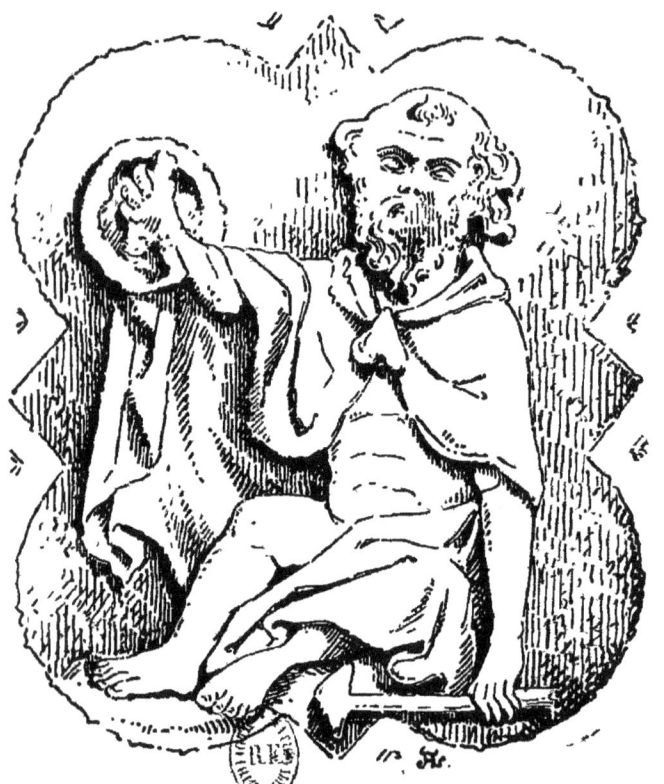

BAS-RELIEF DE LA CATHÉDRALE

*(Portail des Libraires).*

BIBLIOGRAPHIE.        CORBLET (l'abbé).

les noms d'Yves de Chartres, d'Honorius
d'Autun, de Hugues de Saint-Victor, et de
Guillaume Durand qui, suivant M. l'abbé
Corblet, nous ont révélé les idées dogma-
tiques, morales et liturgiques qu'on traduisait
de leur temps par le ciseau ; l'auteur de ce
vocabulaire convient très-volontiers que leurs
comparaisons étaient souvent raffinées, sub-
tiles, dénuées d'une complète justesse et parfois puériles.

C'est là un de ces aveux qui sont toujours
précieux à recueillir, bien que M. l'abbé
Corblet, voulant expliquer que ces écrivains
n'étaient ou que l'écho des artistes de leur
temps ou leurs ingénieux inspirateurs, ajoute
ensuite qu'il n'est plus possible aujourd'hui
de ne voir que les produits du mauvais goût
et de la fantaisie individuelle dans certaines
bizarres décorations de nos monuments, mais
que ce sont, au contraire, des pages très-
éloquentes parfois, qu'il nous faut apprendre

BIBLIOGRAPHIE.          ·CORBLET (l'abbé).

à déchiffrer à l'aide des interprètes du moyen-âge.

On sait quelle est l'opinion de l'auteur de la Préface des *Sculptures grotesques et sym-boliques;* on se rappelle sans doute ces lignes très-sages et très-faciles à comprendre ce nous semble :

« *Voyons les choses avec les yeux plus qu'avec l'esprit; prenons ces caprices avec la fantaisie de ceux qui les exécutèrent; gardons-nous de nos trop riches interprétations mo-dernes; soyons simples comme ces groupes d'ouvriers qui, parfois sans doute, appor-taient dans leur travail une pointe de malice; mais ne transformons ces gausseries, ni en révoltes sociales, ni en produits de pieuses exégèses.* »

Ces lignes assurément pourraient fort bien servir d'épigraphe à notre volume ; cependant à titre de comparaison, nous allons reproduire

# ROUEN

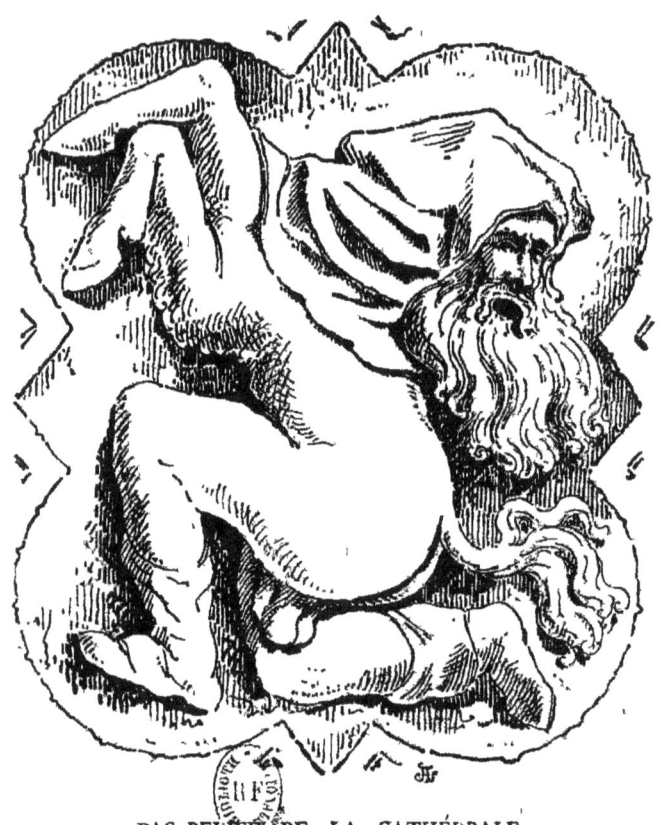

BAS-RELIEF DE LA CATHÉDRALE

*(Portail des Libraires).*

23

BIBLIOGRAPHIE.        CORBLET (l'abbé).

QUELQUES-UNS · des articles du vocabulaire
de M. l'abbé Corblet, qui ont plus spécialement trait à notre sujet. Le lecteur sans idées
préconçues pourra ainsi, à l'aide de ces indi-
cations, juger la question en connaissance de
cause et marquer lui-même le POINT PRÉCIS *où
s'arrête l'explication vraisemblable et où com-
mence l'interprétation trop ingénieuse* qui dé-
passe le but et prête aux ymaigiers du moyen-
âge des idées raffinées qu'ils devaient être loin
d'avoir.

*Ane.* — Symbole de la stupidité, de la
paresse, de la gourmandise, de sens révoltés
contre l'esprit, de la chair prévalant sur
l'âme, de l'entêtement des sots, de la sobriété,
de la nation juive et de la synagogue. Il est à
remarquer qu'on ne voit jamais de tête d'âne
parmi les gargouilles.

*Bouc.* — Dans le sens anagogique, c'est le

BIBLIOGRAPHIE.          CORBLET (l'abbé).

symbole de Jésus-Christ en même temps pur et chargé de l'apparence du péché ; dans le sens allégorique, il représente le pécheur réconcilié, les voluptueux et les sensuels ; dans le sens tropologique, c'est l'emblême des passions sensuelles et réprouvées.

*Centaure.* — Au point de vue anagogique, le centaure figure la rapidité de la vie ; au point de vue allégorique, il fait allusion à la transformation de l'homme en cheval ou en étalon, par la réunion de tous les mauvais instincts et de tous les vices dont celui-ci est la figure ; c'est principalement l'adultère que le centaure représente le plus souvent (d'Ayzac).

*Chauve-souris.* — Par la chauve-souris qui voltige tout près du sol, dit Saint-Thomas-d'Aquin, sont représentés ceux qui, s'attachant volontiers à la science du siècle, n'ont que des affections terrestres. D'autres écrivains du moyen-âge voient dans la chauve-souris

# ROUEN

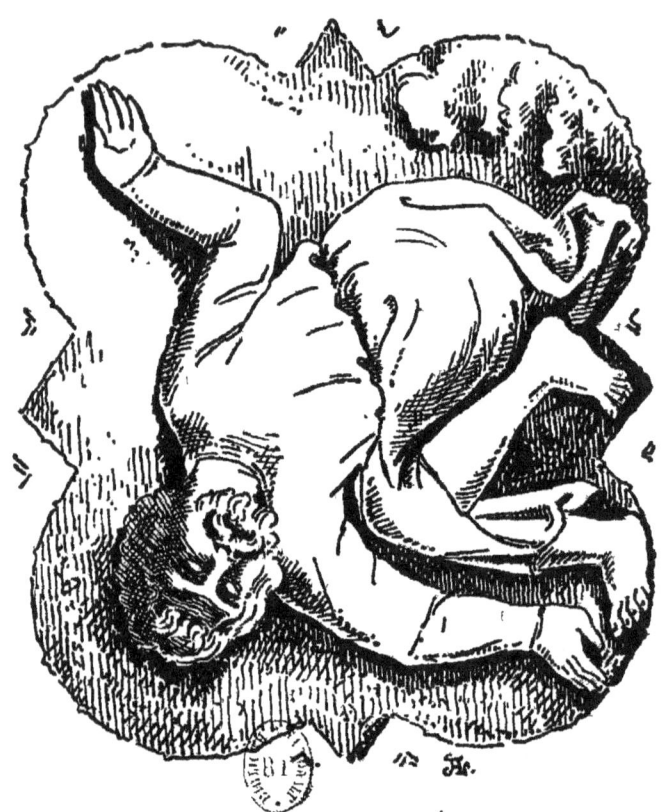

BAS-RELIEF DE LA CATHÉDRALE

*(Portail des Libraires).*

BIBLIOGRAPHIE.          CORBLET (l'abbé).

l'image de l'idolâtrie, de l'hérésie, de l'hypo-
crisie, de l'ignorance spirituelle et de l'aveu-
glement opiniâtre.

*Cheval*. — Au moyen-âge, dans le domaine
allégorique et selon le point de vue auquel il
est envisagé, le cheval fait allusion : 1° d'une
part aux saints de la terre, aux hommes
simples dans la foi, soumis à la volonté et à la
parole divine; d'autre part aux chrétiens sans
constance et sans jugement, ou indociles au
saint joug par faiblesse d'esprit et par ignorance; 2° aux apôtres et à tous ceux qui pro-
pagent la bonne nouvelle de l'Evangile. Selon
le sens tropologique, le cheval représente :
1° à son bon point de vue la rapidité de la
vie; à son mauvais point de vue, le corps, les
sens, l'instinct matériel dans l'homme, l'orgueil, l'opiniâtreté, la rébellion dans l'ordre
spirituel ou bien les hommes dominés par les
vices; 4° la chair prévalant sur l'esprit, l'a-
dultère matériel, l'adultère spirituel.

BIBLIOGRAPHIE.          CORBLET (l'abbé).

*Chèvre.* — Dans le sens anagogique elle figure : 1° l'ubiquité du regard de Dieu ; 2° Jésus-Christ observant des hauteurs du ciel les justes et les pécheurs, revêtu par son incarnation volontaire des apparences du péché ; dans le sens allégorique c'est la figure de la vie contemplative et des justes.

*Chimère.* — Symbole des mystères chrétiens et aussi de la ruse.

*Démon.* — Comme il se révèle à nos premiers parents sous la forme d'un serpent, il garda toujours, dans les monuments chrétiens quelque chose du reptile qu'il soit gargouille ou crocodile, chimère ou dragon.

*Dragon.* — Pour le moyen-âge c'est un reptile ailé pourvu de pieds empruntés au lion, au cheval ou à l'oiseau de proie.

*Gargouille.* — Une idée fondamentale du christianisme est exprimée par cette foule de gargouilles, de dragons, de singes, de monstres qui peuplent les parties extérieures des églises

# ROUEN

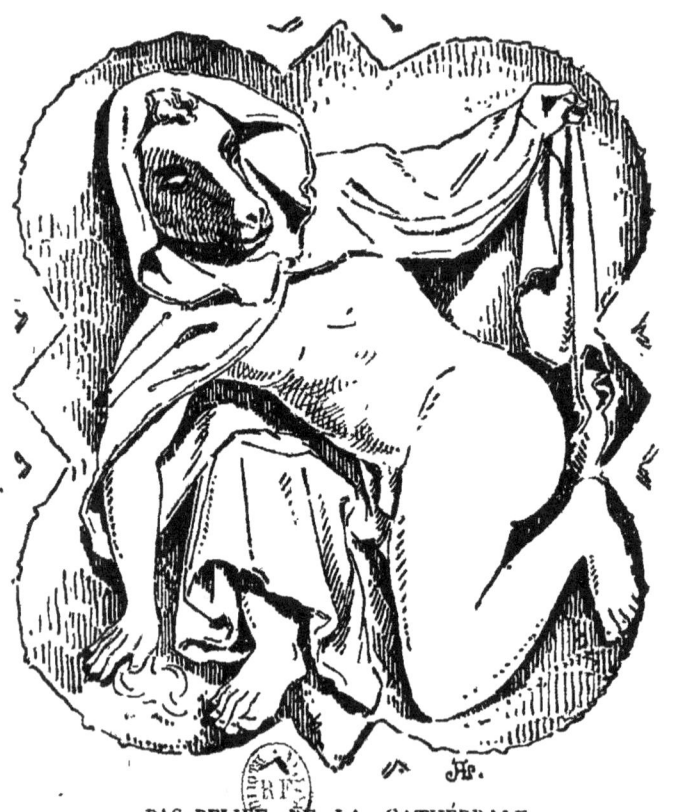

BAS-RELIEF DE LA CATHÉDRALE

*(Portail des Libraires).*

BIBLIOGRAPHIE.       CORBLET (l'abbé).

et y font un frappant contraste avec les anges et les saints des portails et des contreforts. C'est l'opposition des bons et des mauvais esprits qui veillent autour de la maison du Seigneur animés de desseins contraires.

*Griffon.* — Quadrupède fantastique ayant les pieds et les griffes d'un lion, la tête et le bec d'un aigle. Pris en bonne part, c'était au moyen-âge l'emblème du Sauveur; en mauvaise part, le démon, les oppresseurs et les hypocrites.

*Harpies.* — Symboles du démon, du repentir.

*Hippo-Centaure.* — Cet animal hybride, où la conformation du cheval tient plus de place que celle de l'être humain, personnifie la dégradation la plus complète où puisse précipiter la débauche.

*Hippo-Cerf.* — Ce monstre imaginaire, moitié cheval et moitié cerf, est l'emblème de l'homme qu'un élan fougueux précipite d'a-

BIBLIOGRAPHIE          CORBLET (l'abbé).

bord dans telle ou telle voie, mais qui bientôt se désole par l'effet de sa pusillanimité naturelle.

*Hirondelle.* — Symbole de l'orgueil, de la conversion.

*Limaçon.* — Symbole de la paresse, de la résurrection.

*Manicore.* — Cet animal hybride, à tête humaine, au corps de lion et à la queue de serpent, symbolisait les insinuations frauduleuses, la triple concupiscence, la violence des tentations.

*Moines.* — Au xv^e siècle, des personnages habillés en moines sont représentés avec des figures grotesques et dans des poses plus que bouffonnes. Faut-il voir là des caricatures qui révèleraient l'antagonisme du clergé séculier et du clergé régulier ? Est-ce une image naïve des vices que l'Eglise condamne surtout dans ses membres ? M. Gareiso *(l'Archéologue chrétien),* fait remarquer que la tunique et le

# ROUEN

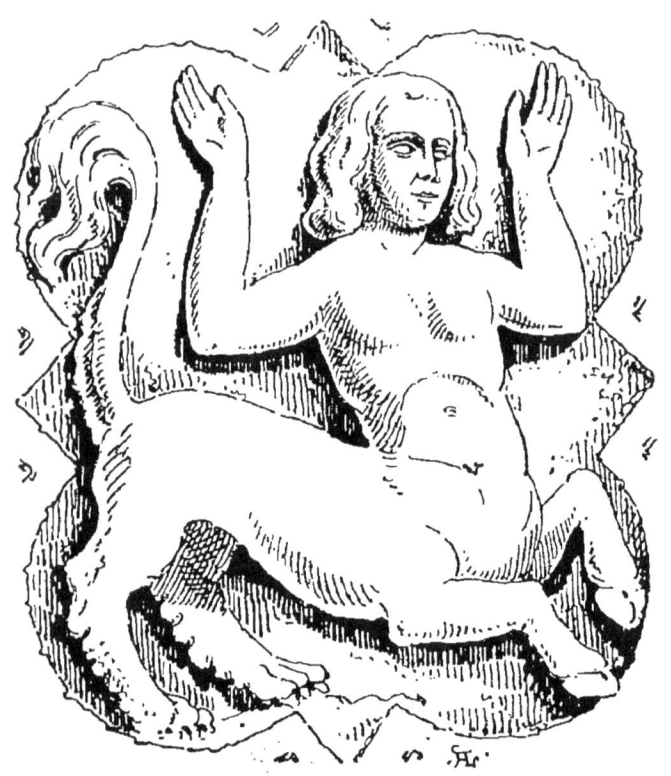

BAS-RELIEF DE LA CATHÉDRALE

*(Portail des Libraires).*

BIBLIOGRAPHIE.        CORBLET (l'abbé).

capuchon ont été longtemps l'habit des
pauvres et des paysans, et qu'il ne faut pas
toujours prendre pour des moines toutes ces
figures burlesques du moyen-âge (1).

*Monstres hybrides.* — Composés de diverses parties d'animaux ils expriment la
réunion des vertus, des qualités ou des vices
que symbolisent chacun de ces animaux pris à
part. ILS FIGURENT DONC DES IDÉES
COMPLEXES, NUANCÉES ET MITI-
GÉES, DONT IL EST PARFOIS DIF-
FICILE DE DONNER UNE INTER-
PRÉTATION EXACTE.

*Obcæna.* — *Selon quelques antiquaires les
obcæna qu'on rencontre parfois dans l'ornementation des églises romanes, ne seraient*

(1) Voir dans l'*Histoire de la caricature du moyen-
âge,* par M. Champfleury (p. 11, Paris, Dentu, 1872),
un fragment de lettre du P. Cahier, sur ce sujet, et
l'opinion contraire de l'auteur.

BIBLIOGRAPHIE.          CORBLET (l'abbé).

*qu'un caprice du sculpteur.* Selon les autres, dont nous partageons l'avis, ce sont de naïves personnifications des vices, avertissant les fidèles qu'ils doivent purifier leur cœur et ne pas introduire dans le lieu saint les sentiments désordonnés de leurs passions.

*Palmipèdes (oiseaux).* — Emblème du baptême dans l'art chrétien primitif, parce que ces oiseaux vivent souvent dans l'eau.

*Porc.* — Symbole de la gourmandise et de la luxure.

*Sagittaire.* — Cet animal composite, lanceur de flèches, représente Dieu vengeur, Dieu punissant tardivement mais avec la spontanéité de la foudre : c'est là son sens anagogique. Au point de vue tropologique, c'est la nature humaine en tant que la matière et les sens se révoltent contre l'esprit.

*Singe.* — Symbole du démon, de l'orgueil, de l'avarice, de la méchanceté, de la malignité.

# ROUEN

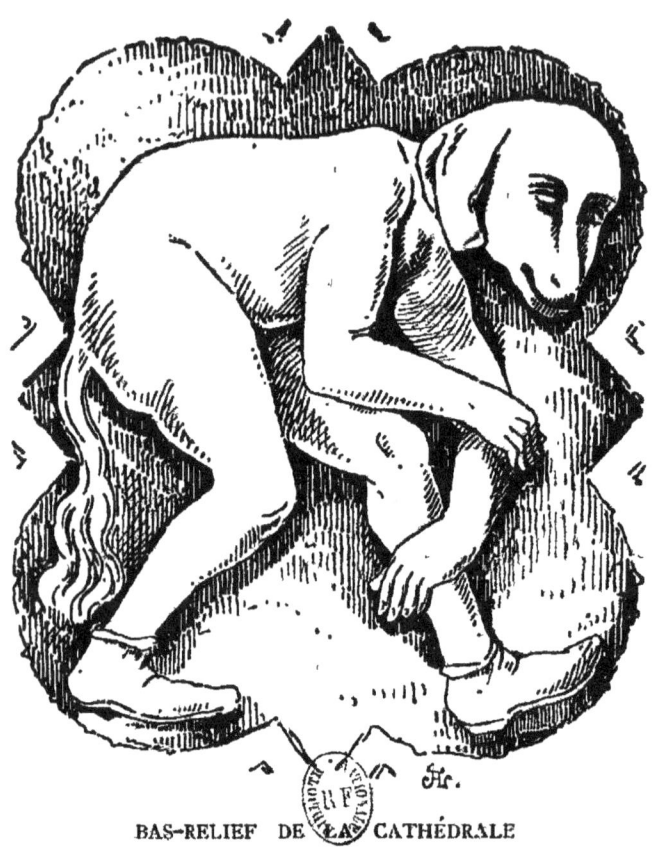

BAS-RELIEF DE LA CATHÉDRALE

*(Portail des Libraires).*

24

BIBLIOGRAPHIE.        CORBLET (l'abbé).

*Sirène.* — « La sirène à une seule queue où à deux queues, dit M. l'abbé Crosnier, se rencontre à toutes les époques, mais surtout au xii° siècle. On a cru y reconnaître les deux vies du chrétien, sa vie spirituelle et sa vie naturelle, ainsi que sa régénération dans les eaux du Baptême. Cependant les pères l'ont considérée autrement : ce serait d'après eux, l'image du démon et l'emblème de la volupté. » C'est aussi le symbole des trois concupiscences, de la persuasion insinuante et les attraits dangereux de la tentation.

*Truie.* — Symbole de la fécondité, du mal, de la gourmandise, de l'impureté, de l'abrutissement qui résulte de l'ingratitude spirituelle.

*Vices.* — Au xiii° siècle ils sont figurés par des personnages, hommes ou femmes, dont l'action caractérise le vice spécial. Ils sont aussi symbolisés par un grand nombre d'animaux réels ou imaginaires, tels que le *bouc,* le *basilic,* le griffon, la sirène, le serpent, la vipère, etc., etc.

COUSSEMAKER (E. de). — Essai sur les instruments de musique au moyen-âge.

*Annales archéologiques*, t. 3, 1845 et années suivantes.

CROSNIER (l'abbé). — Iconographie chrétienne. Paris, 1848.

— A paru avec un « vocabulaire des attributs et symboles » sous le titre « d'Iconographie chrétienne ou Etude des scupltures, peintures qu'on rencontre sur les monuments du moyen-âge. »

*Bulletin monumental*, t. 14, 1848.

CUSSY (le vicomte de). — Mémoires sur les chapitaux romans de la cathédrale de Bayeux.

*Bulletin monumental*, t. 25, 1859.

# LXXXVIII

## ROUEN

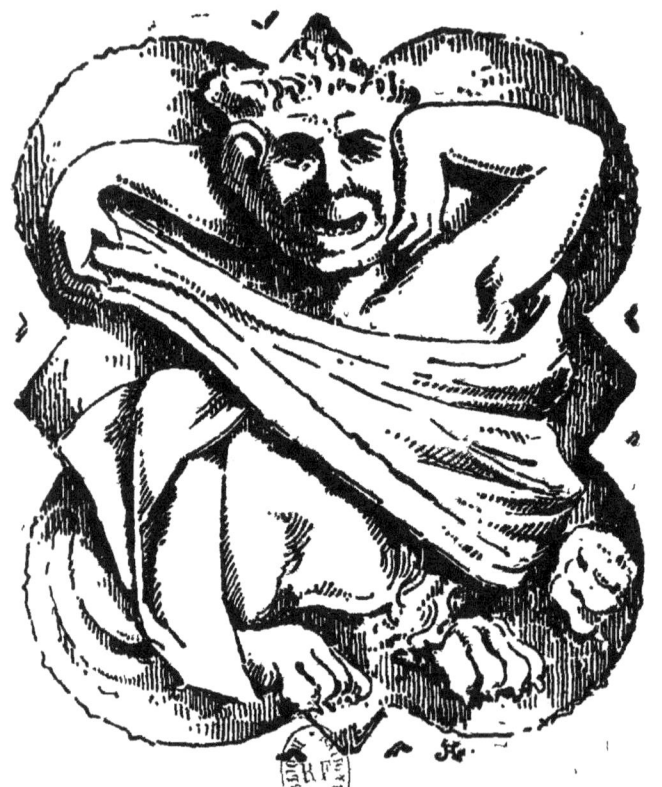

**BAS-RELIEF DE LA CATHÉDRALE**

*(Portail des Libraires).*

BIBLIOGRAPHIE. DA-DE.

**DAUX** (l'abbé). — La flore monumentale du cloître abbatial de Moissac. (Description et symbolisme).
*Revue de l'Art chrétien*, t. 21-22, 1876.

**DARCEL** (Alfred). — Influence de l'art français en Allemagne au moyen-âge.
*Bulletin monumental*, t. 28, 1862.

**DELACROIX** (A.). — Unité religieuse, artistique, industrielle et nationale de toutes les Gaules.
*Bulletin monumental*, t. 29, 1863.

**DESMOULINS** (Ch.). — Notice sur quelques bas-reliefs emblématiques des péchés capitaux.
*Bulletin monumental*, t. 11, 1845.

BIBLIOGRAPHIE. DE-DI.

DEVILLE (A.). — Essai sur Saint-Georges de Boscherville. Rouen, 1827.

DIDRON (aîné). — Le paganisme dans l'art chrétien.
*Annales archéologiques*, t. 12, 1852.
— Manuel d'iconographie chrétienne. Paris, 1843.
— Iconographie chrétienne. (Le Nimbe).
*Annales archéologiques,* t. 1, 1844.
— Les artistes au moyen-âge.
*Annales archéologiques,* t. 1, 1844.
— Symbolique chrétienne. (La vie humaine)
*Annales archéologiques,* t. 1, 1844.
— Statuaire des cathédrales de France.
*Annales archéologiques*, t. 6, 1847.
— Le triomphe de la religion dans les arts.
*Annales archéologiques,* t. 11, 1851.
— Iconographie des anges.
*Annales archéologiques,* t. 11, 1851.

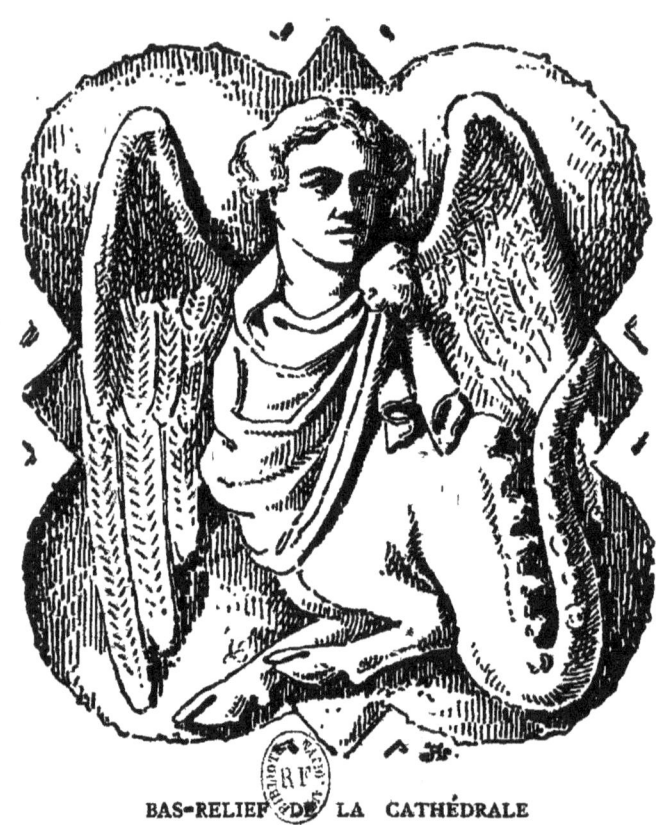

BAS-RELIEF DE LA CATHÉDRALE

*(Portail des Libraires).*

DIDRON (aîné). — Hiérarchie des anges.
*Annales archéologiques*, t. 18, 1858.
— La barbarie gothique.
*Annales archéologiques,* t. 18, 1858.
— Iconographie des vertus cardinales.
— Iconographie des vertus théologales.
—. Iconographie de la justice, etc., etc.
*Annales archéologiques*, t. 20, 1860.

DIDRON et CLÉMENT (Félix). — La
prose de l'âne, paroles et chant du xiiie siècle.
*Annales archéologiques,* t. 7, 1847.

DUMONCEL (Th.). — Etudes sur les modillons des églises romanes de la Basse-Nor-
mandie.
*Bulletin monumental,* t. 8, 1842.

DURSCH (B.-M.). — Le symbole de la
religion chrétienne. Tubingue, 1858.

EMERIC-DAVID. — Mémoire sur la dé-
nomination et·les règles de l'architecture dite
gothique.

*Bulletin monumental,* t. 5, 1839.

D'ESPAULART. — De l'art religieux con-
sidéré sous quelques-unes de ses formes.

*Bulletin monumental,* t. 28, 1862.

GALLY-KNIGHT. — Excursion en Normandie. Londres, 1836.

GAREISO (l'abbé). — L'archéologue chrétien.

GILBERT. — Description de la Cathédrale
de Rouen. Rouen, 1816.

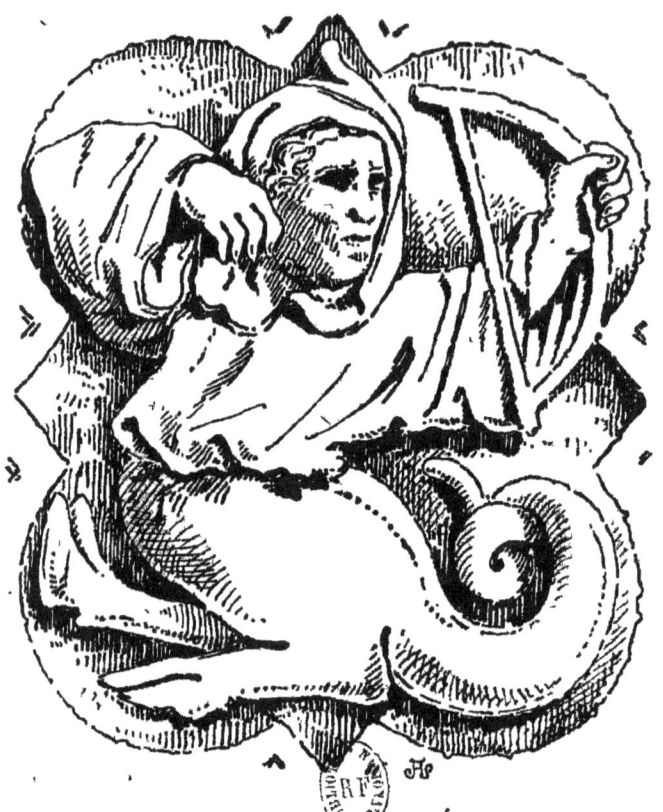

BAS-RELIEF DE LA CATHÉDRALE

*(Portail des Libraires).*

**GODARD-SAINT-JEAN.** — Essai sur le symbolisme architectural des églises.
*Bulletin monumental,* t. 13, 1847.

**GRIMOUARD DE SAINT-LAURENT.** — Guide de l'art chrétien, études d'esthétique et d'iconographie.

— Du réalisme et des symboles dans l'art chrétien.
*Revue de l'Art chrétien,* t. 6, 1862.

— Du nu dans l'art chrétien.
*Revue de l'Art chrétien,* t. 3, 1859.

— Evolutions de l'art chrétien, t. 15, 1872.
*Revue de l'Art chrétien,* t. 15, 1872.

— Iconographie de la croix et du crucifix.
*Annales archéologiques,* t. 26.

**GUÉNÉBAULT.** — Dictionnaire iconographique des monuments. Paris, 1843.

— Dictionnaire iconographique des saints.

BIBLIOGRAPHIE GU.

GUÉRARD (F.). — Mélanges d'histoire et d'archéologie.

*Recherches sur la fête des Fous*, in-12 de 200 p.

GUILHERMY (le baron F. de). — Fabliaux représentés dans les églises. Lai d'Aristote.

*Revue d'architecture*, 1840.

— Des artistes au moyen-âge et des monuments élevés à leur mémoire.

*Revue d'architecture*, 1840.

— Iconographie des fabliaux.

*Annales archéologiques*, t. 3, 1845.

— Iconographie historique.

*Annales archéologiques*, t. 4, 1846.

GUYOT DE FÈRE. — Observations sur la manière dont les sujets religieux doivent être représentés. Paris, 1844.

# ROUEN

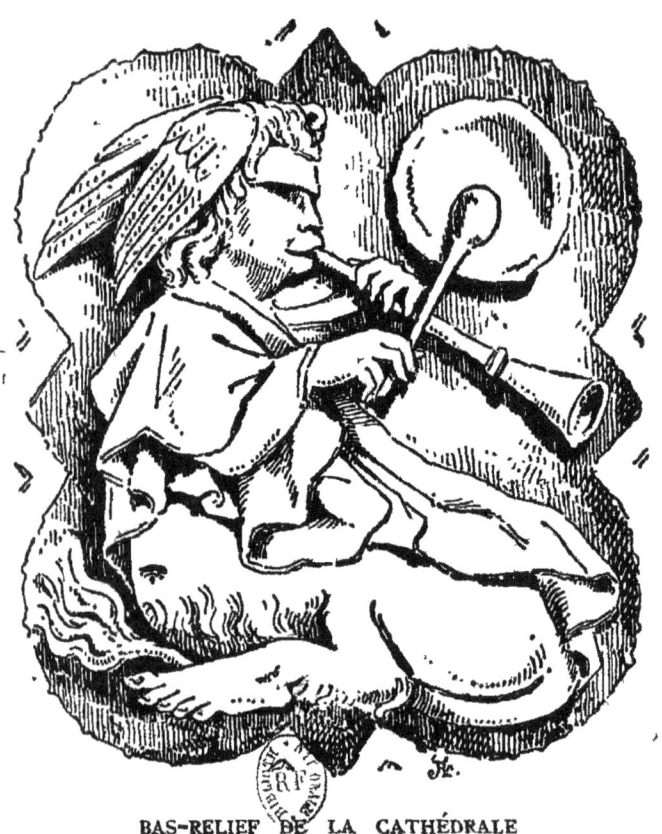

BAS-RELIEF DE LA CATHÉDRALE

*(Portail des Libraires).*

25

HAZÉ. — Notices pittoresques sur les antiquités et les monuments du Berry. In-4,
Bourges, 1840.

HEIDER (G.) — Symbolique des animaux,
le symbole du lion. Vienne, 1849.

HELMSDORFER (C.). — Symbolique et
iconographie de l'art chrétien. Francfort,
1839.

HIPPEAU (C.). — L'histoire naturelle
légendaire au moyen-âge.
*Revue de l'Art chrétien*, t. 5, 1861.

HUREL (l'abbé). — L'art religieux contem-
porain. In-12 et in-8 de 450 p.

HUSENBETH (F. C.). — Emblèmes des
saints. In-12, 300 p.,

JANNIARD (Architecte). — Trois jours à Rouen.
*Revue de l'Architecture*, 1845.

JAMESON (M^me). — Sacred and legendary Art Legends of the monastic orders.

JOURDAIN ET DUVAL. — Roues symboliques de N.-D. d'Amiens et de Saint-Etienne de Beauvais.
*Bulletin monumental*, t. 11, 1845.

JOUVE (l'abbé). — Dictionnaire d'esthétique chrétienne. Paris (Encyclopédie Migne), 1855.

KORN (F. Nork). — Dictionnaire étymologique, symbolique et mythologique à l'usage des commentateurs de la Bible, des archéologues et des artistes. Stuttgard, 1843.

# ROUEN

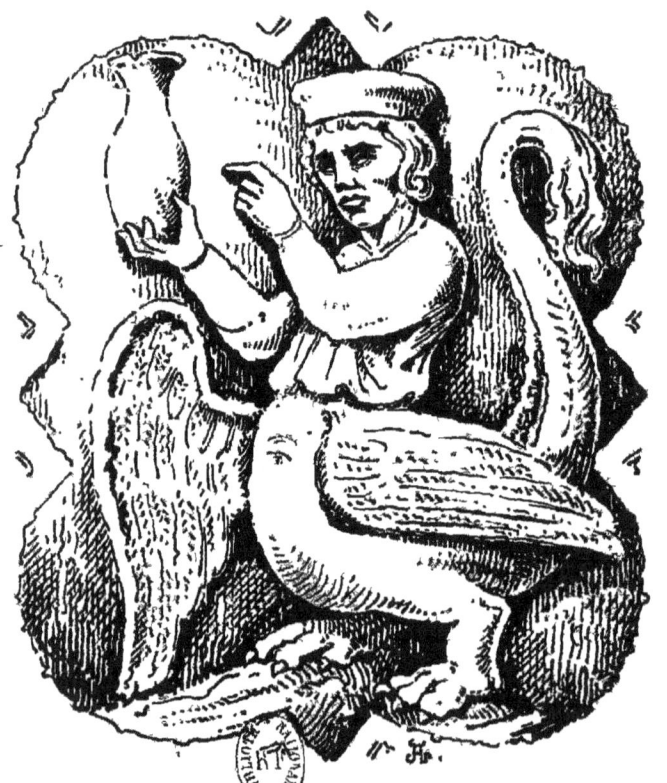

BAS-RELIEF DE LA CATHÉDRALE

*(Portail des Libraires).*

KREUSER. — Symbolique chrétienne. Brixen, 1868.

LABORDE (le comte de). — Les artistes anciens en Normandie. (Gisors, Eure).
*Annales archéologiques*, t. 9, 1849.

LACROIX (Paul). — Le Moyen-Age et la Renaissance.

LE CORDIER (Léon). — Note sur l'architecture de la Normandie au xiiiᵉ siècle.
*Bulletin monumental*, t. 29, 1863.

LENIENT. — La Satire française au moyen-âge. In-18, 1859.

LENOIR (Albert). — Histoire de la sculpture d'ornement en France.
*Revue d'Architecture*, 1841.

BIBLIOGRAPHIE.                    LA-LE.

LA FONS (le baron de) ET DIDRON. —
Procession dramatique au XVI⁰ siècle.
   *Annales archéologiques,* t. 10, 1850.


LA FONS (le baron de). — Cérémonies
dramatiques et anciens usages.
   *Annales archéologiques,* t. 10, 1850.


LANGLOIS (E.-H.). — Les stalles de la
Cathédrale de Rouen. In-8, Rouen, 1838.


LASSUS. — De l'art et de l'archéologie.
   *Annales archéologiques,* t. 11, 1845.


LE COURT DE LA VILLETHASSETZ
ET TALBOT. — *Alexandriade* ou chanson
de Geste, d'Alexandre-le-Grand. Epopée romane du XII⁰ siècle, de Lambert le Court et
Alexandre de Bernay. In-12, 500 p.

# ROUEN

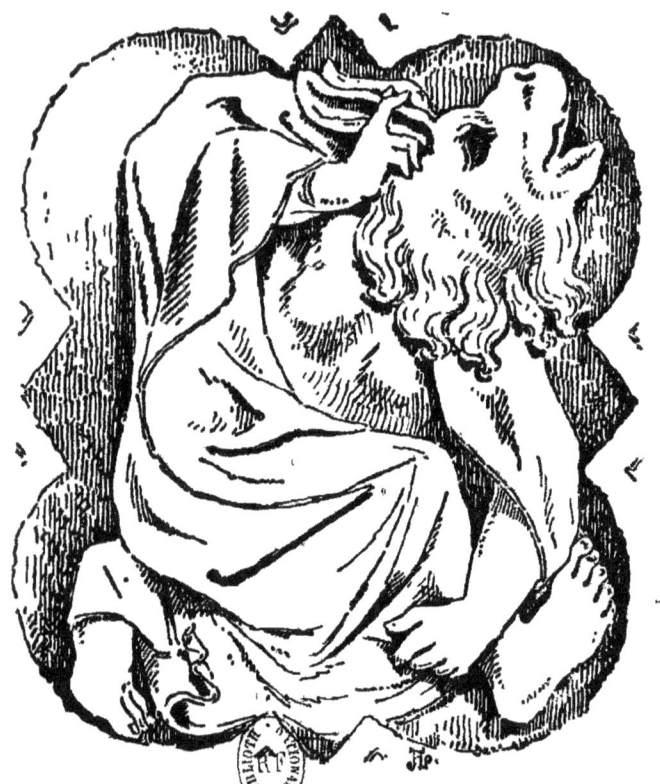

BAS-RELIEF DE LA CATHÉDRALE

*(Portail des Libraires).*

BIBLIOGRAPHIE. LE-MA.


LENOIR (A). — Architecture monastique.


LE RICQUE DE MOUCHY. — Symbolique des monuments chrétiens. Montpellier, 1848.


LOUANDRE (Ch.). — Les études historiques et archéologiques dans les provinces depuis 1848. — La Normandie et les provinces de l'Ouest.
*Revue des Deux-Mondes,* 1851.


LUCAS (Ch.). — Les grands architectes.
*Revue de l'Art chrétien,* t. 12, 1868.


MARTIGNY (l'abbé). — Dictionnaire des antiquités chrétiennes.

BIBLIOGRAPHIE.                    MA-MO.

MARTIGNY (l'abbé).— Des symboles dans l'antiquité chrétienne. Mâcon, 1856.

MASON NEALE ET Benj. WEBB. — Du symbolisme dans les églises du moyen-âge.

MENZEL (W.). — Le symbolisme chrétien. Ratisbonne, 1854.

MÉRY DE LA CANORGUE. — La théologie des peintres, sculpteurs, etc........ Paris, 1765.

MOLÉ (G. F. R.). — Observations sur les erreurs des peintres, sculpteurs, etc. ..... Paris, 1771.

# ROUEN

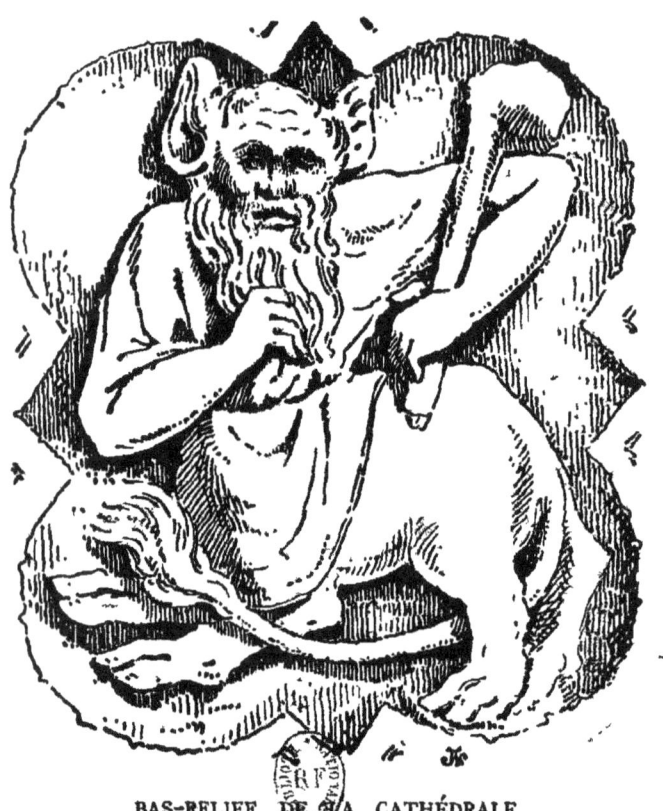

BAS-RELIEF DE LA CATHÉDRALE

*(Portail des Libraires),*

**MONTALEMBERT** (le comte de). — L'archéologie nationale en France.
*Annales archéologiques,* t. 13, 1853.

**MOYEN - AGE MONUMENTAL ET ARCHÉOLOGIQUE** (le).
— Nombreuses planches relatives à la Normandie.

**MUNCHAUSEN** (A. von). — Clé des attributs des saints. Hanovre, 1843.

**OTTE.** — Manuel de l'archéologie de l'art religieux au moyen-âge. 1854.

**PARDIAC.** — Etudes archéologiques.

**PARKER** (d'Oxford). — Dates absolues de plusieurs monuments du moyen-âge.
*Bulletin monumental,* t. 24, 1858.

PATY (Emmanuel). — Documents sur quelques artistes du Moyen-Age et de la Renaissance.

*Bulletin monumental*, t. 12, 1846.

PETIT (Elie).—Les chapiteaux de l'église de Montataire (Oise).

*Revue de l'Art chrétien*, t. 8, 1864.

PIERRET (l'abbé Th.). — Manuel d'archéologie pratique. In-8, 534 p.

PIOLIN (Dom). — Du costume monastique antérieurement au xiii⁰ siècle.

*Revue de l'Art chrétien*, t. 9, 1865.

PIPER (F.). — Mythologie symbolique. Weimar, 1847.

# ROUEN

BAS—RELIEF DE LA CATHÉDRALE

*(Portail des Libraires).*

**PIPER** (Ferdinand). — De la représentation symbolique la plus ancienne du crucifiement et de la résurrection de N.-S.
*Bulletin monumental*, t. 27, 1861.

**POUGNET** (l'abbé). — Théorie et symbolisme des tons de la musique grégorienne.
*Annales archéologiques*, t. 26.

**POUSSIN** (l'abbé). — Manuel classique d'archéologie chrétienne depuis J.-C. jusqu'à nos jours.

**RADOWITZ.** — Iconographie des saints. Berlin, 1824.

**RENAN.** — L'art au moyen-âge et les causes de sa décadence.
*Revue des Deux Mondes*, 1862.
(Voir *de Verneilh*, pag. 390).

**REUSSENS.** — Eléments d'archéologie chrétienne.

**RICARD** (l'abbé Ant.). — Résumé du symbolisme architectural.
*Revue de l'Art chrétien*, t. 3, 1859.

**ROCHETTE** (Raoul). — Discours sur l'origine, le développement et le caractère des types imitatifs qui constituent l'art du christianisme. Paris, 1834.

**ROSTAN** (L.). — Le rêve d'un archéologue. — Décoration et iconographie de l'église de Saint-Maximin (Var).
*Bulletin monumental*, t. 16, 1850.

**SAGETTE** (l'abbé). — Mission de l'art chrétien.
*Annales archéologiques*, t. 13, 1853.

# ROUEN

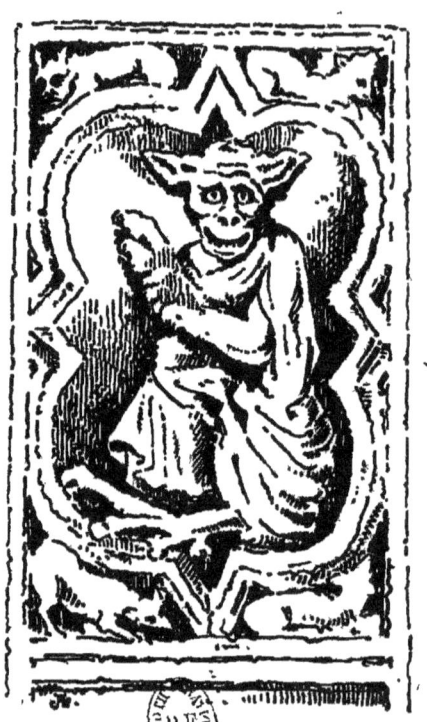

BAS=RELIEF DE LA CATHÉDRALE

*(Portail des Libraires).*

BIBLIOGRAPHIE.          — SA-SC.


SALIES (de). — La représentation satirique a-t-elle existé dans les monuments du moyen-âge ?
Bulletin de la Société du Vendômois. Vendôme, 1869.


SALMON (Ch.). — Iconographie du portail de Saint-Firmin (cathédrale d'Amiens).
*Revue de l'Art chrétien,* t. 4, 1860.


SCHAEPKENS (A.). — Ornementation sculpturale de quelques églises de Belgique.
*Revue de l'Art chrétien,* t. 5, 1861.


SCHMIT. — Iconographie chrétienne (le Serpent).
*Annales archéologiques,* t. 1, 1844.

SCHNAASE (le D^r). — Symbolique de l'architecture du moyen-âge.

*Annales archéologiques,* t. 11 et 12, 1851 et 1852.

— Les francs-maçons du moyen-âge.

*Annales archéologiques,* t. 11, 1851.

SICOTIÈRE (de la). — Les stalles de l'église de Mortain (Manche).

*Bulletin monumental,* 1839.

— Observations sur le symbolisme religieux.

*Société des antiquaires de l'Ouest de la France.*

TAPIN (l'abbé). — La science et la tradition.

*Revue de l'Art chrétien,* t. 7, 1863.

# XCVII

# ROUEN

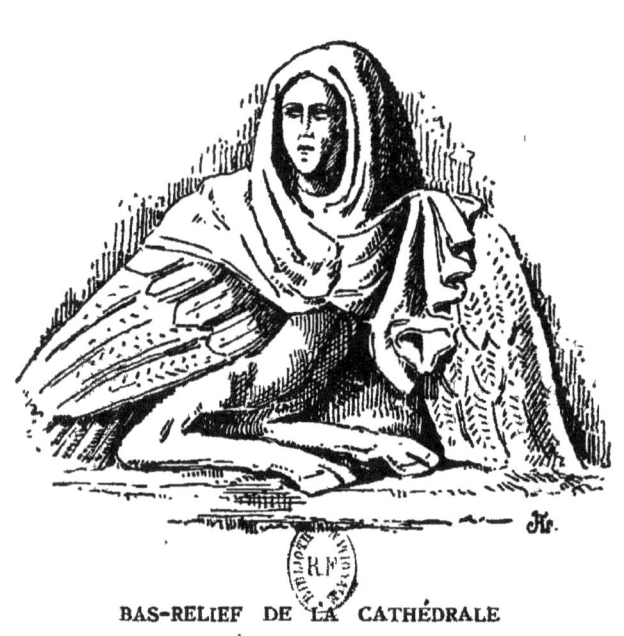

BAS-RELIEF DE LA CATHÉDRALE

*(Portail de la Calendre)*.

BIBLIOGRAPHIE                TA-VA.


TARBÉ (Prosper). — Animaux symboliques. — *Le Tyrus.*
　　*Revue de l'Art chrétien*, t. 2, 1858.


TEXIER (l'abbé). — Histoire de la sculp-
ture au moyen-âge.
　　*Annales archéologiques*, t. 11, 1851.
_ — Iconographie de la mort.
　　*Annales archéologiques*, t. 16, 1856.


TAYLOR ET NODIER (Ch.). —Voyages
pittoresques dans l'ancienne France.
　— Normandie. Nombr. lithog. Grand in-f°.


TILLOT (du). — Mémoires pour servir à
la fête des Fous. In-4, 1741.


VALLET DE VIRIVILLE. — Iconographie historique.
　　*Annales archéologiques*, t. 15, 1855.

BIBLIOGRAPHIE.                    VA-VI.

Van DRIVAL (l'abbé). — Du symbolisme
dans le culte et dans l'art. In-8, 3o p.
— L'iconographie des anges.
*Revue de l'Art chrétien,* t. 10, 1866.

VAYS (Ch.). — De l'exclusivisme en archéologie et de ses conséquences. In-8, 24 p.

VERNEILH (de). — Réfutation des nom-
breuses erreurs d'histoire et d'archéologie
commises par M. Renan, membre de l'Ins-
titut. In-4, 31 p.
*Annales archéologiques,* t. 22, 1862.
— Bas-reliefs de l'Université, à Notre-
Dame de Paris.
*Annales archéologiques,* t. 26.

VILLERS (G.). — Visite de l'association

## XCVIII

# ROUEN

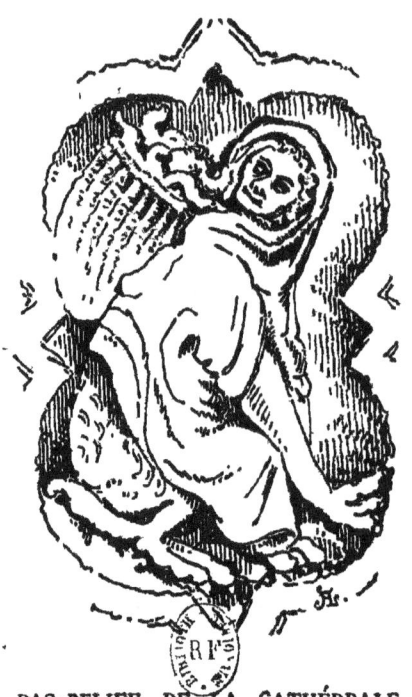

## BAS-RELIEF DE LA CATHÉDRALE

*(Portail des Libraires).*

BIBLIOGRAPHIE.                VILLERS.

Normande à la Cathédrale de Rouen, 23 juillet
1842.

*Bulletin monumental,* t. 8, p. 454.

A propos de la visite au *Portail des Li-*
*braires* « cette entrée, dit le rapporteur, est
ornée d'un nombre infini de bas-reliefs : les
uns représentant des traits de l'histoire sainte;
les autres des sujets grotesques et des obscena.
M. A. Pottier en a fait remarquer quelques-
uns qu'il pense avoir été inspirés par la lecture
des *Métamorphoses d'Ovide*, découvertes à
l'époque où ils furent exécutés ».

Nous avons déjà parlé dans ce volume
(pages 113 et 114) des sujets que l'on croyait
avoir été inspirés par les *Métamorphoses*
*d'Ovide.* Cette opinion, répétée plusieurs fois
par nombre d'auteurs, rééditée souvent dans
les *Guides* et les *Itinéraires,* aurait été for-
mulée, ainsi qu'on a pu le voir, pour la première fois, en 1842, par M. André Pottier.

Les quelques lignes que nous venons d'ex-

BIBLIOGRAPHIE. VIL-VIO.

traire de ce compte rendu, nous donnent donc la date exacte à laquelle fut émise l'opinion d'un archéologue, qui restera comme un de ces travailleurs acharnés et de ces érudits consciencieux, dont la Normandie artistique conservera le souvenir et dont elle aimera dans l'avenir à rapprocher le nom de ceux de trois de ses compatriotes : Langlois, Brevière et De la Quérière, qui tous trois, à des titres divers et pour leurs différents travaux ont également bien mérité de n'être pas oubliés de la province dont ils ont étudié et retracé l'histoire archéologique.

VIOLLET-LEDUC (père). — La littérature et l'architecture au moyen-âge.
*Annales archéologiques,* t. 3, 1845.

VIOLLET-LEDUC. — Dictionnaire de l'architecture française. 10 vol. Paris, 1868.
Cet important et excellent ouvrage, œuvre

# ROUEN

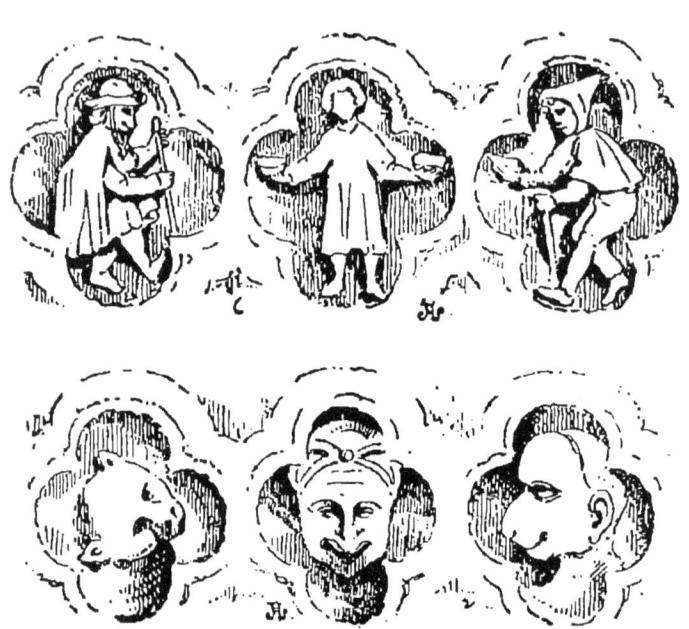

BAS-RELIEF DE LA CATHÉDRALE

*(Portail des Libraires).*

27

BIBLIOGRAPHIE.　　VIOLLET-LEDUC.

de maître dans la plus large acception du mot, peut être consulté sur toutes les questions qui se rattachent à l'Architecture française du xi<sup>e</sup> au xvi<sup>e</sup> siècle.

Nous signalerons comme se rapportant plus spécialement à notre sujet les articles : Animaux (t. 1, p. 21); Arts libéraux (t. 2, p. 1); Chapiteau (t. 2, p. 480); Corbeau (t. 4, p. 307); Crochet (t. 4, p. 400); Cul-de-lampe (t. 4, p. 487); Fabliau (t. 5, p. 354); Gargouille (t. 6, p. 21); Sculpture (t. 8, p. 96); Symbole (t. 8, p. 153).

Parmi ceux-ci, les chapitres consacrés aux mots : Culs-de-lampe, Chapiteaux, Gargouilles et Sculpture offrent un intérêt exceptionnel. Des vignettes dessinées avec une précision et une simplicité caractéristique viennent encore aider à l'intelligence d'un texte, dont la clarté et *l'humour* ne sont pas les moindres attraits, mais qui reste sérieux sans ennuyer le lecteur.

En reproduisant dans son ouvrage les

BIBLIOGRAPHIE.     VIOLLET-LEDUC.

chefs-d'œuvre de l'Art statuaire du moyen-
âge, lequel s'il a produit des caricatures
comme notre volume en contient un certain
nombre, nous a laissé aussi des merveilles de
sentiment et d'expression; en reproduisant ces
belles sculptures avec un caractère si grand de
beauté, que l'auteur pour faire cesser les doutes
au sujet de leur exacte reproduction, dut dé-
clarer que toutes ses vignettes avaient été dessinées, soit sur des estampages à la chambre
claire, soit d'après des photographies; soit sur
les originaux, de même à l'aide de la chambre
claire; en reproduisant ces sculptures dans
un volume *publié en 1866,* M. Viollet-Leduc
avait offert alors depuis *plus de dix ans* d'en-
voyer, *sans frais de moulages,* des épreuves
de la statuaire des xiie et xiiie siècles afin de
former, à Paris, un Musée de Statuaire com-
parée : Musée comparatif du plus grand intérêt
à tous les points de vue, disait-il. Il ne fut pas
répondu à cette offre; l'idée de créer un

# C

# SAINT-WANDRILLE

### (Près Caudebec-en-Caux)

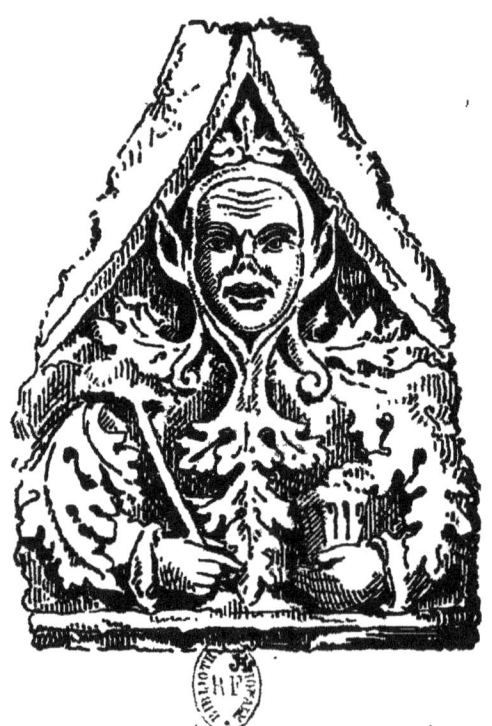

BAS-RELIEF (LAVABO DU CLOITRE)

BIBLIOGRAPHIE. VI-WR.

Musée de moulages n'est donc pas née d'hier, elle a suffisamment attendu, ce nous semble, et il serait peut-être bon de chercher à la réaliser avant que le temps n'ait complétement détruit les originaux, dont la reproduction est déjà plus difficile maintenant qu'elle ne l'était il y a une vingtaine d'années.

VITET. — Des études archéologiques en France.
*Revue des Deux-Mondes*, 1847.


WAZIERS (comte de) & CARTIER (E.). — Le symbolisme : lettres d'un solitaire.
*Revue de l'Art chrétien*, t. 25, 1878.


WRIGHT (Th.). — Histoire de la caricature et du grotesque. Londres, 1865. —

BIBLIOGRAPHIE.                    X.

Edition française, notice et traduction par
Amédée Pichot et Octave Sachot. Paris, 1867
et 1875.

X***. — Représentation des mystères au
moyen-âge.
  *Revue de l'Art chrétien*, t. 15, 1872.

# TABLE

### DES

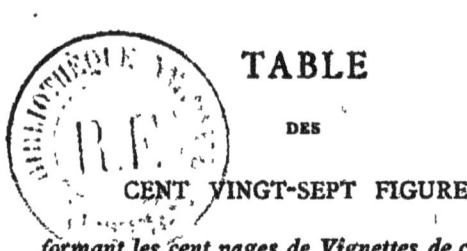

## CENT VINGT-SEPT FIGURES

*formant les cent pages de Vignettes de ce volume.*

---

### CATHÉDRALE DE ROUEN.

(1) Les chiffres romains indiquent les pages de vignettes (I à C).

Chaque figure étant numérotée 1 à 127, les chiffres qui suivent indiquent : le *premier*, la page du volume où se trouve le dessin ; le *second*, la page de la description spéciale de chaque figure ; les *suivants*, les

CATHÉDALE DE ROUEN *(suite).*

pages des chapitres précédents dans lesquels il est
également traité de chacun des motifs de sculptures
reproduits dans cet ouvrage.

(Les 21 figures désignées par un astérisque (*) ont
été reproduites à titre de comparaison et empruntées
à divers ouvrages, ce sont les seules vignettes du
volume qui ne soient pas inédites.)

CATHÉDRALE DE ROUEN (*suite*).

## CATHÉDRALE DE ROUEN (*suite*).

CATHÉDRALE DE ROUEN (*suite*).

www.ingramcontent.com/pod-product-compliance
Lightning Source LLC
Chambersburg PA
CBHW051350220526
45469CB00001B/182